ジョルジョ・アガンベン

# 現実化しえないもの

## 存在論の政治に向けて

上村忠男訳

みすず書房

# L'IRREALIZZABILE

Per una politica dell'ontologia

by

Giorgio Agamben

First published by Giulio Einaudi editore s. p. a., Torino, 2022

Japanese translation rights arranged with
Giulio Einaudi editore s. p. a., Torino

現実化しえないもの——存在論の政治に向けて

目次

## II　太古の森——コーラ　空間　質料

# 註記

本書を構成している二つのテクストはそれぞれ独立したものであるが、後者は——著者の場合にはこれまでもしばしば起きてきたように——前者がそこで閉じられてしまったテーマを多かれ少なかれ意識して深化させ発展させるために生まれている。或る対象ではなく、或る認識可能性の認識としての可能性にかんする、前者の論考で浮上していた学説は、後者の論考では、そこで展開されるプラトンのコーラ、対象なき純粋の受容性の経験としての空間‐質料の読解に対応している。それゆえ、これら二つのテクストは、思考をそれ本来の第一義的な対象である「物」に返還しようとする二つのこころみとして、連続して読むことができる。哲学は科学でもなければこれから実現すべき理論でもなく、すでに完全に現実的な、そしてそのようなものであるかぎりで、現実化できない可能性である。そして、この可能性に執着して離れようとしない政治こそが、唯一の真の政治なのである。

# 凡例

一、本書は Giorgio Agamben, *L'irrealizzabile. Per una politica dell'ontologia* (Torino: Giulio Einaudi editore, 2022) の全訳である。

一、原文中、« »で括られている箇所は引用語句ないし引用文であって、《 》で括って表示した。

一、原文中、“ ”で括られている箇所は「 」で括って表示した。

一、〈 〉で括った語句は、原文中、最初の一語が大文字で表記されている専門術語である。

一、傍点を付した語句は原文ではイタリック体になっている。

一、太字で表示した語句は原文では大文字で表記されている。

一、［ ］内の部分は原著者による註記ないし補足、〔 〕内の部分は訳者による註記ないし補足である。

# I　現実化しえないもの

# 閾

I

「実現する、現実化する」を意味する動詞がロマンス諸語のなかで登場するのは遅く、イタリア語の「レアリッザーレ（realizzare）」は十八世紀になってようやくフランス語の「レアリゼ（réaliser）」の訳語として登場するにすぎない。しかしまた、そのとき以後はしだいに経済と政治の語彙集のなかだけでなく、とりわけ再帰動詞の形態で個人的な経験にかんする語彙集のなかでも、頻繁に使用されるようになる。ジャコモ・レオパルディ〔一七九八－一八三七。イタリアの詩人でエッセイスト、哲学者、文献学者〕は、フランス語特有の語法がイタリア語で濫用されることには用心していながらも、とくに幻想のテーマにかんして、「レアリッザーレ（realizzare）」という語とその派生語をしばしば使っている（《もろもろの幻想は実現しうるにもかかわらず、人間社会はそれらを実現する事物をまったく欠いている（la società umana manca affatto di cose che realizzino le illusioni per quanto sono realizzabili）》と彼は『雑記帳』六八〇で書いている）。そして近代においては政治と芸術が幻想が最も力強く作用する領域であるとするなら、まさしくこの領域において「実現する、現実化する」という語が最も頻繁に使用されているというのはなんら驚くことではない。

**2** 政治において哲学を実現するという考えは、通常はマルクスのものだと考えられている。しかし実をいうと、マルクスがこのテーゼを口にしているようにみえる「ヘーゲル法哲学批判」序説〔一八四三年末から一八四四年始めまでに執筆〕のくだりの解釈は、解決済みというにはほど遠いものがある。マルクスがこのテーゼをはじめて持ち出しているのは、哲学の否定を主張していた、どの党派のことかはっきりとはわからない《実践的な政治的党派》への異議としてである。《諸君は哲学を実現する（verwirklichen）ことなしには哲学を揚棄《アウフヘーベン》（aufheben）できないのである》とマルクスは書いている。その少しあとで、これとは逆に哲学から出発した理論的な党派の代表者たちにたいして、彼らは《哲学を揚棄することなしに哲学を実現できる》と思いこんでいたと付け加えている。そしてプロレタリアートこそがすべての階層を解消する存在であると定義したのち、序説は哲学の実現とプロレタリアートの揚棄をひとつの循環のなかで結びつける断固とした主張でもって閉じられている。《哲学はプロレタリアートを揚棄することなしには実現されえず、プロレタリアートは哲学を実現することなしには揚棄されえない》。

それよりもさらに早く、マルクスは一八四一年六月に議論された「デモクリトスの自然哲学とエピクロスの自然哲学との差異」にかんする学位申請論文への註で、哲学が世界のなかで自己を実現しようとこころみるときには、《世界の哲学者になるということは同時に哲学が世界化するということであり、それの実現は同時にそれの喪失である（ihre Verwirklichung zugleich ihre Verlust）》と書いていた（Marx, p. 73）。マルクスはここではヘーゲルの弁証法をそのものとしてたんに取りあげ直そうとはしていなかったのだから、「哲学を揚棄して実現する」および「プロレタリアートを揚棄して実現する」という二つの対称をなすテーゼの真意を明らかにすることになるような革命が彼にとって何を意味したのかは、たしかに明確ではない。そしてこの明確さの欠如をとらえて、アドルノは《一度は時代遅れになってしまったようにおもわれた哲学がいまなお命脈を保っているのは、その実現の瞬間をとらえ損なったからである》と主張することでもって彼の否定的弁証法を開始することができたのだった（Adorno, p. 3）。これはまるで、もしその瞬間をとらえ損なっていなかったなら、哲学はもはや存在せず、実現され揚棄されていただろうと言っているかのようである。だが、「みずからを実現する」とは何を意味しているのか。また、「みずからの実現の瞬間をとらえ損なう」とは何を意味しているのか。わたしたちはこれらの語句をそれらの意味内容が説明するまでもなく自明であるかのようにして使っている。しかし、その意味内容を定義しようとこころみるやいなや、その意味内容はわたしたちの手から逃れ去り、不分明で矛盾していることが顕わとなる。

**3**　ヘーゲルの『精神現象学』〔一八〇七年〕では、「実現すること、現実化すること」を意味する二つのドイツ語——「フェアヴィルクリッフング（Verwirklichung）」と「レアリジールング（Realisierung）」——は、それぞれ、四十九回と十九回、また「レアリジーレン（realisieren）」という動詞は二十回ほど出てくる。「現実」を意味する二つの語の頻度はさらに大きい。「ヴィルクリヒカイト（Wirklichkeit）」は六十八回、「レアリテート（Realität）」は百十回出てくる。指摘されてきたように、この二つの語がしばしば出てくるというのはけっしてたまさかのことではないのであって、いずれも十分な資格をもつ技術専門用語なのである（Gauvin, passim.）。

『精神現象学』で問題にされている意識の経験は、それが実現をめざしてのたえざる過程でありながら、そのつど、欠陥があるか実現し損なったものであることを暗に示している。すなわち、感覚的確信であれ（この場合には、それが肯定していると思いこんでいる現実は《それの真理を揚棄し》、《それが言おうとしていることと反対のことを言う》）、《力の弁証法》であれ（《力を実現することは、同時に、その現実を喪失することなのだ》）、自然的な意識であれ（この場合には《概念を実現することはむしろそれを喪失することになる》）、教養であれ（そこでは《自己は揚棄された自己としてのみ現実的であることを意識している》）、美しい魂であれ（《美しい魂は形もない霞のように消え失せていく》）、不幸な意識であれ（《その現実は直接的にはその無である》）、自己を実現するということはつねに自己を喪失ないし揚棄するということでもあるのだ。精神がその運動のなかで自己を実現するさいにとるもろもろの形象は、それぞれが逐次揚棄されて別の形象に場所を譲っていき、その別の形象もまた廃止されてさらに別の形象となり、ついには最後の形象、つまりは《絶対知（das absolute Wissen）》に到達する。だが、まさしく精神はこの不断の自己実現の過程以外の何ものでもないかぎりにおいて、その《最後の形象（letzte Gestalt）》は精神が《みずからの定在を放棄し、その形象を想起に委ねる》という追想の形態をとらないわけにはいかない。それは《もろもろの絵画を展示した画廊》のようなものであって、そこでは《その絵画の一枚一枚がすべて精神の富によって装われている》。想起のなかで《精神はその直接的なあり方において今一度その運動を開始しなおさなければならず、あたかも先行するすべてのものが精神にたいしては喪われてしまったかのようにみなして、先例に囚われることなく、この新たな形象からその偉大さを抽出しなければならない》。絶対知（すなわち《みずからを精神として知る》精神）は、ひとつの《現実》ではなく、むしろ、不断の《現実化》の観照である。ひいては、その現実はそのつど否認され、想起のなかで《みずからの無限性の泡》のようなものとしてのみ現われざるをえない。現実化は現実の最も根源的な否定である。というのも、もしいっさいが現実化であるとしたなら、そのときには現実はなにか不十分なものであって、たえず廃棄され乗り越えられなければならないからである。そして意識の最後の形象は現実化の現実化という形態をとるしかなくなるだろうからである（これが絶対知にほかならない）。このようなとらえ方にたいしては、現実は現実化の結果もたらされたものではなく、存在の分離しがたい属性であることを想い起こす必要がある。現実的なものは、現実的なものとしては、定義からして現実化しえないのである。

**4** 注目されることにも、ほぼ一世紀後、ギー・ドゥボール〔一九三一－一九九四。フランスの著述家、映像作家。「アンテルナシオナル・レトリスト」、のちに「アンテルナシオナル・シチュアシオニスト」の創立メンバー〕はマルクスの定式を今回は哲学ではなく芸術との関連で取りあげ直している。彼はダダイストたちを芸術を実現することなく揚棄しようとしたとして非難し、シュルレアリストたちを芸術を揚棄することなく実現しようとしたとして非難する。これにたいして、シチュアシオニストたち〔ドゥボールが創立メンバーの一人だった前衛芸術家グループ〕は芸術を実現すると同時に揚棄することを意図しているというのだった。

わたしたちが「揚棄する」と翻訳してきたマルクスのテクストのなかに出てくる動詞は、ヘーゲルの弁証法において、その二重の意味、すなわち、「中断させる（aufhören lassen）」と「保存する（aufbewahren）」という意味を兼ね備えて必要不可欠な任務を展開しているのと同じ動詞――「アウフヘーベン（aufheben）」――である。芸術が政治のなかで実現されうるのは、芸術が政治のなかでなんらかの仕方で揚棄されると同時に保存される場合でしかない。ロベール・クライン〔一九一八－一九六七。ルーマニア出身のフランスの美術史家〕が意味深長にも「芸術作品の消失」と題された一九六七年の論考において指摘したことがあったように、アヴァンギャルド芸術家たちが念頭に置いていた揚棄は、芸術にたいしてのものではなく、芸術が生き残ると言い張ってきた作品にたいしてのものだった。この漂流する芸術性の残滓は、芸術を生のなかで実現するという名目で作品の現実を放棄している現代芸術によって蒐集されている。

ヘーゲルがこの弁証法の奥義をそこに託している「アウフヘーベン（aufheben）」という動詞は、その二重の意味を新約聖書のルター訳をつうじて獲得してきた。『ローマの信徒への手紙』の《それでは、わたしたちは信仰によって律法を廃棄する──カタルゴーメン（katargoumen）──のだろうか。そうではない、むしろ、律法を確立する──ヒスタノーメン（histanomen）──のである》という一節（三・三一）は、パウロは律法の廃棄と確立を同時に主張しているようにみえるということで、解釈者たちを当初からずっと困惑させてきたのだったが、この一節を前にして、ルターはパウロの「カタルゲーシス（katargesis）」の二律背反的な所作を「アウフヘーベン（aufheben）」と翻訳することに決意するのである（«heben wir das Gesetz auf»）。

しかしながら、使徒の意図は実際にはもっと込みいったものであらざるをえなかった。彼が位置していたメシア的視圏においては、メシアの到来は、「テロス（telos）」というギリシア語がもっている目的と完成ないし成就という二重の意味において、《律法のテロス（telos tou nomou）》（『ローマの信徒への手紙』一〇・四）を指していたのである。実際にも、パウロの批判はトーラーそのものではなく、その規範的側面における律法に差し向けられていたのであって、それをパウロは《規則と戒律ずくめの律法（nomos tou entolon）》（『エフェソの信徒への手紙』二・一五）、あるいはまた《行いの律法（nomos ton ergon）》（『ローマの信徒への手紙』三・二七）と定義している。すなわち、パウロにとっては、正義は律法にあらかじめ定められているもろもろの行いを遂行することによって獲得されるとするラビの原則を問いに付すことが肝要なのだった。《人が義とされるのは律法の行いによってではないとわたしたちは信じています》(『ローマの信徒への手紙』三・二八)とパウロは書いている。

このため、メシアと律法の関係を表現しなければならないたびごとに、パウロは「カタルゲオー(katargeo)」という動詞を使用するのであって、この動詞はウルガータ聖書がしばしば翻訳しているように「破壊する」という意味ではなくて、「働かなくさせる、エルゴン(ergon)およびエネルゲイア(energeia)から脱却させる」ということを指しているのである(この意味において「カタルゲオー(katargeo)」は「エネルゲオー(energeo)」の反対語なのであって、後者は「作動させる、実現する」という意味になる)。パウロは、可能態・潜勢力――デュナミス(dynamis)――とその現実化・現実態――エネルゲイア(energeia)――とのあいだのアリストテレスに始まってギリシア思想にかくも馴染み深い対置のことを完全に知っていて、この対置に何度となく言及している(『エフェソの信徒への手紙』三・七――《そのデュナミスのエネルゲイアに従って》。『ガラテヤの信徒への手紙』三・五――霊は《あなたがたのうちで潜勢力(dynameis)を作動させる(energon)》)。しかしまた、律法にかんしては、メシアの到来という出来事は現実化のほうを特権化する二つの語の通常の関係を反転させる。ここで起きる律法の成就は、律法のエネルゲイアを不活性化し、そのもろもろの戒律を働かなくさせるのである。律法はなにかもろもろの事実や行為となって現実化されるべきものであることをやめる。そして律法の規範的側面のカタルゲーシスは信徒にトーラーの完成ないし成就としての信仰の現実的な可能性を開くのであって、いまやトーラーは《信仰の律法(nomos pisteos)》(『ローマの信徒への手紙』三・二七)として提示される。このようにして律法はその潜勢力——『コリントの信徒への手紙二』一二・九の明快な規定によると《弱さのなかでこそ十分に発揮される力（dynamis en astheneia teleitai）》——へと送り返される。ここでは本来、廃棄についても現実化についても語ることができない。信仰はなにか現実化されうるものではないのだ。というのも、信仰自体が律法の唯一の現実であり唯一の真理であるからである。

5　プラトンが三度のシケリア旅行のなかで僭主ディオニュシオスの宮廷において哲学を政治において現実化しようとしたということは、『第七書簡』のこれまで十分な注意が払われてこなかった読解が示唆しているようにみえる。実際にも、プラトンはこの書簡のなかで僭主のもとでの逗留を正当化するにあたって、《言葉だけで、いかなる実際の活動にも一度として関与したことのない》人間と自分自身の眼に映るようなことになってはいないかという怖れがあったと述べ、《もしだれかが法律や国制にかんして考えてきたことを成就する（apotelein）べく取りかかれる時があるとするなら、いまこそ試してみる時である》と迫った友人たちの説得に屈したと告白している（『第七書簡』三二八C）。しかしながら、彼がこれらの言葉によって何を言おうとしていたかは、哲学と政治の正しい関係について少し前に書いていること、すなわち、《正しい意味において真に哲学している部類に属する人たちが政治的支配の地位に就くか、それとも、国々において政治的権力をもっている部類に属する人たちがなにか神与の配剤のようなものを得て真に哲学するようになる（philosophesei）かの、いずれかが実現されるまでは、人間のもろもろの種族が災禍から免れることはないだろう》という述言（同上、三二六B）と突き合わせることによってはじめて理解しうる。この断固然としたテーゼは、プラトンが『ポリテイア』の有名な一節（四七三D）でほぼ同じ言葉で開陳している哲学者王の理論を取りあげ直したものである。《哲学者たちが国々において王となって統治するのでないかぎり、あるいは、現在王と呼ばれ、権力者と呼ばれている人たちが、真実にかつ十分に哲学する（philosophesosi gnesios te kai ikanos）のでないかぎり、すなわち、政治的な力（dynamis）と哲学とが結合して一つになる（eis tauton sympesei）［この言い回しは含蓄に富む。「シュンペニュミ（sympegnymi）」という動詞には「凝結する」という意味もある］のでないかぎり［……］、国々にとっても人類にとってももろもろの災禍が減少することはないだろうし、わたしたちがこれまで語ってきた政治そのものが可能なかぎり生じる（phyei）こともなければ、日の光を見ることもないだろう》。

このプラトンのテーゼの現在流布している解釈は、哲学者たちが国を統治すべきであるのは哲学的な合理性のみが統治者に採用すべき正しい手段を示唆しうるからであるというものである。言い換えるなら、良き統治とは哲学者たちの考えを実現し実践する統治のことであるとプラトンは主張しているというのである。この解釈の一変種はすでにヘーゲルが『哲学史講義』で『ポリテイア』の哲学者王について述べたつぎの一節のうちに姿を見せている。《ここではプラトンはただ単純に哲学を政治権力と結合する必要性を主張するにとどまっている。国家の統治を哲学者たちの手に委ねるべきであるというのは、大変な思い上がりのようにみえるかもしれない。歴史の土俵は哲学の土俵とは異なっているのである。たしかに歴史は絶対的な力としての理念が自己を実現する場ではある。言い換えるなら、神が世界を統治するのである。しかしながら、歴史のなかでは理念は自然的なかたちで実現されるのであって、意識的に実現されるのではない。たしかに理念は法権利、慣習への適合、神の意志への服従といった普遍的な思想に従って作動する。が、その働きが同時に個別的な目的を追求する主体としての主体の活動であるというのも、たしかなのである》(Hegel, pp. 176–178)。

プラトンの定理についてのこれらの解釈が不適切であることを証明したのは、ミシェル・フーコーの功績である。実際にも、このように解釈してしまうと、プラトンの定理は、とどのつまり、哲学者は君主の助言者であるというアリストテレスのテーゼに不当にも均されてしまいかねない。単一の主体においては哲学と政治の合致のみが決定的である。《だが、このことから、すなわち、哲学を実践する者は権力を行使する者でもあり、権力を行使する者は哲学を実践する者でもあるということから、哲学的認識が政治的な行動や決定の掟を構成することになるという推論を導き出すことは断じてできない。重要なこと、要請されていることは、政治的権力の主体が哲学的活動の主体でもあるということなのだ》(Foucault, p. 272)。ただたんに哲学的な知を政治的合理性と合致させればよいというのではない。むしろ、問題になるのは、存在様式である。あるいはより正確にいうなら、哲学を実践する個人が《みずからを或る一定の存在様式にもとづいて主体として構成する仕方》が問題となるのである。すなわち、《哲学する主体の存在様式と政治を実践する主体の存在様式との同一性》こそが問題となるのであって、《王たちが哲学者になることが必要だとするなら、それはそうなれば彼らがあれやこれやの状況のなかで何をなさねばならないかを彼らの哲学的な知に問うことができるようになるだろうからではない。［……］ここにあるのは内容面の一致や合理性の同形性、哲学的言説と政治的言説の同一性ではなく、哲学する主体と統治する主体との同一性である》(Ibid.)。

フーコーの考察をここで関心のある視野のもとで展開しようとこころみるなら、わたしたちはまずもって、政治的権力が哲学と合致し、また哲学が政治的権力と合致するとプラトンが語っているのは何を意味しているのか、を問うてみなければならない。フーコーが示したように、ここで肝要なのは、たしかに、一方を他方のなかで実現することではなく、同一の主体のなかで双方を合致させることである。プラトンが『第七書簡』の冒頭で語っているところによると、彼が哲学に専念しようと決意したのは、彼の国ではあらゆる政治的活動が不可能になってしまったことに気づいたときであったという。すなわち、哲学の可能性は政治の不可能性と合致していたというのである。これにたいして、哲学者王においては、哲学の可能性と政治の可能性とは《神与の配剤によって》同一の主体のなかで合致する。このために、哲学者は哲学者であることをやめず、哲学のなかでみずからを実現することによってみずからを廃棄することはしないのであって、哲学者の力は君主の力と合致する。二つの力が合致するということこそが、両者の現実であり真理にほかならない。そして現実であるかぎりで、それらは現実化を必要としない。それどころか、それらは本来、現実化しえないのである。

このために、ピエール・アド〔一九二二－二〇一〇。古代ギリシア哲学の文献学的研究で知られるフランスの哲学者〕が指摘したように〔cf. Pierre Hadot, *Qu'est-ce que la philosophie antique?* (Paris: Gallimard, 1995)〕、アリストテレス学派は君主の生の様式とは区別されたかぎりでの観照的人間の生の様式へとみずからを形成し、君主に哲学者は時と場合によって助言を与えるにとどまっていたのにたいして、プラトンのアカデメイアは本質的に或るひとつの政治的目的をもっていたのだったが、ただし、それはあくまで哲学者の存在様式を王の存在様式と合致させることを決意していたかぎりにおいてのことでしかなかった。王がその存在様式を変えることがなくとも哲学者は王の助言者になりうるという考えには、プラトンは『第七書簡』ではっきりと反対している。《病気に罹っていながら健康によくない暮らし方をしている者がいる場合、これに助言しようとするには、何よりもまっさきに、そういう生活態度を改めさせる（metaballein ton bion）べきではないだろうか。〔……〕国の場合も同様であって、正しい政治のあり方から完全に遠ざかって、正しい道を歩むのを拒否し、助言者たちに政治のあり方を変えるようなことをしたら死刑に処するぞと脅し、自分の意志や願望の手先になるようそそのかすような為政者が統治している国においては、そのような役割を甘んじて受け入れているような者をわたしは卑劣なやつだとみなすだろう》（三三〇D－三三一A）。哲学は政治のなかでみずからを現実化しようと努めるべきではない。そうではなくて、もし哲学が二つの力が合致して王が哲学者になるのを欲するのであれば、哲学はそのつどみずからが現実化しえない存在であることを守護すべきなのである。

**א**　ジョルジョ・パスクアーリ〔一八八五－一九五二。テクスト批判の分野で重要な貢献をしたイタリアの古典学者〕は『第七書簡』のじつに鋭利な読解〔cf. Giorgio Pasquali, *Le lettere di Platone* (Firenze: Le Monnier, 1938)〕をテュケー（tyche 運、巡り合わせ）にかんする長い補論で締めくくっている。テュケーはプラトンの考察のなかでしばしば不合理で敵対的で有害な力として登場するが、ときには《神的》で有益な力、テイア・モイラ（theia moira）としても登場するのであって、『第七書簡』のさきに引用したくだり（三二六B）では、哲学者たちが国のなかで政権の座に到達するのを可能にしている。プラトンは、のっけから、ソクラテス裁判のことを想い起こして、それはなんらかの巡り合わせで（kata tina tyche）起きると書いている（三二五B五）。そしてまた少しあとでは、シュラクサイのディオンに託されていたもろもろの希望が台無しになってしまうという事態が《なんらかのデーモンか、なんらかの悪意ある霊（tis daimon e tis alitherios）》によって生じると書いている（三三六B）。パスクアーリはテュケーの問題がもっと古い対話篇、とりわけ『法律』においてもいかに中心的な問題であったかを示してみせている。『ポリテイア』（五九二A）においては、理性的な人間は《なんらかの神的な巡り合わせ》（theia... tyche）が産み出されないかぎり政治にかかわることに同意しないだろう、と言われていたとするなら、『法律』においては、アテナイからの客人は、立法にかんする自分の考えを開陳するのにさきだって、《人間はだれ一人として法律を提供してはいないのであって、人間にかんするあらゆる事柄は偶然（tychas）なのだ》（七〇八E）という憂鬱な定理を口にしている。この点について、それをパスクアーリはプラトンの思想における《悪魔学的二元論》であるとしている。人間界において起きている出来事はまるでひとつの戦闘のようなものであって、そこでは人間は超自然的な実体から援護を受けたり敵対されたりするというのである。

実をいうと、それはプラトンが言うところのひとつの神話なのであって、その神話のなかでプラトンは古代の知性にとってはことのほか大胆な問題、すなわち、偶然性（contingenza）の問題と格闘している。人々の身に起こる一連の出来事は、無限に遡及する因果関係をつうじて正当化しうる必然的な流れでもなければ、ヘーゲルにおけるように、精神がありとあらゆる場合に自己を実現していく過程でもない。もろもろの出来事の究極的な意味はわたしたちの手を逃れていく。そしてテュケー——これは「出来事」のことを指している——が偶然性の名称である。何ものかが純粋に、そしてとどのつまりは説明しがたいかたちで出現すること、“contigit”、すなわち、まさしく「到来する」こととの名称なのである。歴史的な出来事は、最終的には、テュケーによって起きる。そしてこの理由からしても哲学者王はみずからの行動のなかで哲学を実現するのだと主張することはできないのである。この意味では、プラトンはヘーゲル以上に、偶然と偶然性に広い空間を残している現代の科学のもろもろの結論に近いところにいるとみて差し支えない。

## 6

政治の領域において哲学を実現するという観念についてのひとつの批判がベンヤミンの「神学的・政治的断章」に含まれている。この「断章」が書かれた日時を編者たちは一九二〇年代初頭であると同定してきたが、この「断章」をベンヤミンはとても重要であると考えていたようで、一九三八年初めにサンレモでアドルノと最後に出逢ったさいにもその内容は《絶対に新しい》とアドルノに伝えているほどである。

「断章」であつかわれている理論的問題は、世俗的秩序と神の国、歴史とメシア的なものとの関係の問題であって、この関係をベンヤミンは留保することなく《歴史哲学の教える最も基本的なものの一つ》であると規定している（Benjamin, p. 203）。「断章」は二つの要素が根源的に異質的なものであると留保なく主張することでもって出発している。そのかぎりで、この関係はなおのこと問題含みである。メシアだけが歴史的な出来事を完結させる（vollendet）のであり、歴史的な出来事とメシア的なものとの関係を救済し、同時に作り出すのであるから、《歴史的なものは何ひとつとして自分からメシア的なものにかかわろうとすることはできない。［……］神の国は歴史的な可能態《デュナミス》の目標《テロス》ではない。神の国を到達点とすることはできないのだ。歴史的観点からは、神の国は到達点（Ziel）ではなく、終極点（Ende）である。それゆえ、世俗的なものの秩序は神の国という思想にもとづいて建設することはできないのである。それゆえ、神権政治には政治的意味などなく、あるのは宗教的な意味だけである》（Benjamin, p. 203）。

すなわち、神の国は——そしてベンヤミン最晩年の遺稿「歴史の観念について」の第十八テーゼが朗誦しているように、その世俗化した形態であるマルクスの階級なき社会という観念は——、なにか政治的行動の目標として定立され、革命ないし歴史的変容をつうじて「実現」されうるようなものではないのである。そこで、「断章」での展望に即して言うなら、近代のもろもろのイデオロギーの誤りはメシア的秩序を歴史的秩序に均一化してしまい、神の国がその本来の効力を維持するためにはけっして実現すべき目標として立てられてはならず、終極点（Ende）としてのみ立てられうるということを忘れてしまったことにあると言うことができる。もしそれをなにか世俗的な歴史的秩序のなかで実現されなければならないものとして立てたなら、それは必ずや現存の秩序を新たな形態のもとで再現して終わってしまうだろう。階級なき社会、革命とアナーキー〔無支配〕は、この意味では、神の国と同様、メシア的観念であって、そのようなものとして、それらの力とそれらの本来の性質を失うことなしには目標に転化することはできないのである。

このことは、それらが歴史の平面では効力がないとか意味がないということを意味するものではない。実際にも、それらと世俗的な空間のあいだにはひとつの関係が存在するが、この関係は逆説的なことにも二つの秩序のおのおのがそれらを定義している方向に頑としてとどまり続けていることからのみ生じる。世俗的なものの秩序のほうは《幸福の理念へと向かわざるをえない》のにたいして、《心の、個々の内的な人間のうちにあっての、直接的なメシアの力の凝集は不幸を経由して苦悩の方向へと進んでいく》（Benjamin, p. 204）。両者のあいだの相違は、ベンヤミンが示唆しているところによると、まがいようもなく対立であるが、しかしまた、この対立はなにか関係のようなものを産み出す。《ひとつの矢印の方向が世俗的なものの可能態が向かっていく到達点を示し、もうひとつの矢印の方向がメシア的な力の凝集する方向を示すとするなら、自由な人類の幸福追求は、たしかにメシア的な力の方向からは外れていく。しかし、或る力が自分の軌道を歩んでいくなかで、反対の方向に向かう別の力を促進することができるように〔……〕、世俗的なものの世俗的な秩序もメシアの国の到来を促進することができる》。世俗的なものは《メシアの国のカテゴリー》ではないが、メシアの国の《沈黙のうちにあっての最接近》を容易にする原理として作動するのである（Benjamin, p. 204）。

哲学は政治のなかで現実化しうるものでも現実化すべきものでもなく、すでにそれ自体において完全に現実的なものであるように、またパウロによると、もろもろの働きをつうじて律法を実現することを義務づけたところで正義が産み出されるわけではないように、ベンヤミンの「神学的・政治的断章」においても、メシア的なものは歴史的生起のなかにあって現実化しえないものにとどまり続けることによってのみ作動する。このようにしてのみ、メシア的なものは、それなくしては人々の所作と出来事になんらの空間も開示することがなかったであろうような、それの最も貴重な賜物である可能性を守護するのである。可能的なものと現実的なものを西洋の存在論的な政治的マシーン（la macchina ontologico-politica dell'Occidente）と呼びうる体系の機能的に連関し合った二つの部分として考えるのをやめる必要がある。可能態は、なにか現実態へと移行して現実化されなければならないようなものではない。そうではなくて、可能態は絶対的に現実化しえないものなのであって、それ自体として達成された現実がもろもろの事実のなかで化石化して終結点（Ende）となってしまった歴史的生起に働きかける。すなわち、それを粉砕し無と化してしまう。このためにベンヤミンは世界政治の方法は《ニヒリズムと呼ばれることになる》と書くことができるのだった。メシア的なものの根源的な異質性はそれが新しい歴史的秩序のなかで顕現するための計画も計算も許さないのであって、絶対的に脱構成的な現実的審級（un'istanza reale assolutamente destituente）としてのみ、この新しい歴史的秩序のなかに姿を見せることができるにすぎない。そして構成された権力のなかで現実化されることのない可能態は脱構成的な可能態（potenza destituente）と定義されるのである。

# 第一章　レース

I　もろもろの辞書によると、「現実」とか「現実化」といったわたしたちの用いている術語がそこから派生した「レース（res）」というラテン語は、現在わたしたちのもとに保管されているラテン文学において最も頻繁に使われている語彙であるという。しかしまた奇妙なことにも、その語彙は古典ラテン語辞書にはごくまれにしか出てこない。その語彙から派生した形容詞の「レアーリス（realis）」や副詞の「レアーリテル（realiter）」はキリスト暦の四世紀から六世紀になってようやく登場するにすぎず、一方、名詞の「レアーリタース（realitas）」やごくまれに使われる動詞の「レアーリターレ（realitare）」（あるいは「レアーリティフィカーレ（realitificare）」）にいたっては、中世後期以前にはまったく姿を見せない。さらに奇妙なのは、ラテン語でこんなにも頻繁に使用されているこの「レース（res）」という語が近代諸語では——フランス語において《無》を指す「リヤン（rien）」というかたちで保存されているのを除けば——そのものとしては保存されていないことである。代わりに、ロマンス諸語は「カウサ（causa）」から派生した語——「コーサ（cosa）」〔イタリア語〕、「ショーズ（chose）」〔フランス語〕、「コイザ（coisa）」〔ポルトガル語〕——を使っている。或るひとつの語から別の語へのこのような置き換えの理由は純然と意味論的なものである。実際にも、「レース（res）」は、なんらかの物や私有財産を意味するようになるのにずっと先立って、人々の関心事、人々に関わりがあるか、人々にとって、また人々のあいだで問題になるもの、ひいては法律的意味での「リース（lis）」のほぼ同義語、裁判に訴えられるものをも意味していた（ウァッロ『ラテン語について』七・九三——《論争となって「リース（lis）」と呼ばれていたもの》）。このため、古代人は「レース（res）」から「レウス（reus）」、すなわち《その行状が裁判の対象となる者》を派生させていたのだった。また同じ理由で、その言葉はしばしば副詞的に、「クアーレー（quare）」とか「クアム・オブ・レム（quam ob rem）」といった具合に、「～のために」という原因を指す語として使われており、さらに慣例的にもろもろの形容詞と統語論的に一体化して、ほとんど形容詞のなかに姿を消してしまおうとしている。「レース・プブリカ（res publica）」〔国家・国事〕、「レース・ディーウィーナ（res divina）」〔礼拝・神事〕、「レース・ファミリアーリス（res familiaris）」〔私有財産・家財〕、「レース・ミーリターリス（res militaris）」〔軍事〕、「レース・アドウェルサエ（res adversae）」〔逆境〕または「レース・セクンダエ（res secundae）」〔順境〕等々。その語がもともと「わたしに関わりのあるもの」「わたしの関心領域にあるもの」という意味であったことは、すでにプラウトゥスにおいて広く流通していた「レム・ゲレレ（rem gerere）」〔或ることを遂行する〕、「レム・アゲレ（rem agere）」〔或る仕事に専念する〕、「レム・ナルラーレ（rem narrare）」〔或る問題について陳述する〕といった言い回しにおいて明白である。

辞書が「関心事」と並んで古くからのものとして登記している「財産、所有物」という意味は、実際にも、この前者の意味から派生している。もしわたしたちがプラウトゥスのうちに「ペクーニア(pecunia)」の同義語としての「レース(res)」に出遭うとするなら、それはたぶん金銭がとりわけ「わたしに関心のあるもの」だからである。同じくプラウトゥスで奴隷が鞭打たれるさいに使われる鞭を指すのに出てくる「マラ・レース(mala res)」(「ひどいやつ」)という婉曲的な表現においては、「鞭」という客観的な意味内容は、奴隷を待っている「ひどい仕打ち・災難」にたいしてはあくまで二次的なものであって、それはまさしく「レース・ウェネリア(res Veneria)」〔愛と美の女神ウェヌスにかかわることがら〕がたんなる物ではなく、愛と性の複雑に絡まり合った出来事であるのと同様である。

注目されるのは、「人々の関心事」がしだいに客観的な意味をもつようになっていくにあたっては哲学的省察が影響を及ぼしてきたことである。ルクレティウスの場合、すでに彼の著作の『デ・レールム・ナートゥーラ(*De rerum natura*)』というタイトルにおいて——このタイトルは草稿群にはそのようには出てこないが、テクストのなかでは連辞として登場しており、ギリシアの哲学者たちの「ペリ・ピュセオース(peri physeos)」に対応する語となっている——、「レース(res)」は「エンス(ens 存在するもの)」という哲学的意味を獲得している。そしてこの意味はラテン世界全体をつうじて維持されることとなる。「レース(res)」という語のもつさまざまな意味内容がひとつの意味論的布置連関のなかでいかに密接に絡まり合っていて、そこでは「存在するもの」「物」「原因」が識別できなくなってしまっているかは、ルクレティウスの詩のつぎの一節が証言している。《これら四つの物〔地・水・火・風〕から万物が産み出され(quattuor ex rebus si cuncta creantur)、/そして新たに万物(res omnia)

がこれらの物へと分解して戻っていくのだとするなら、／これらが万物の元素（rerum primordia）だとどうして言えるのだろうか。／むしろ、逆に、万物のほうこそ、これら四つの物の元素である、と言えるのではないだろうか》（『事物の本性について』一・七六三－七六六）。

「レース（res）」という語が「エンス（ens）」のほうへと意味論的に傾斜していくのを容易にしてきた要因のうちには、おそらく、「レース（res）」が「ニヒル（nihil 無）」の同義語としての「ヌッラ・レース（nulla res）」という否定的な言い回しのかたちでますます頻繁に使用されるようになったということがあったのではないかとおもわれる（たとえば、ルクレティウス『事物の本性について』一・一五〇――《何ものも神的な力によって無から生じることは絶対にない（nullam rem e nihilo gigni divinitus umquam）》）。「レース（res）」は、存在するものであるかぎりで、無の反対語なのだ（ここから、「ニヒル（nihil）」の属格としての「ヌッリウス・レイー（nullius rei）」という用例が出てくる）。キケロの『トピカ』の一節（六・二七）は、《魂の外にあるもの（res extra animam）》と《知性の中にあるもの（res in intellectu）》の分裂を先取った「レース（res）」の最初の分裂が、その語が存在するもの（earum rerum qui sunt）にたいして用いられるか、それとも物体的実質を欠いた叡知的なもの――たとえば、ウースースカピオー（ususcapio 取得時効）、トゥーテーラ（tutela 後見）、アグナーティオー（agnatio 父方の男性親族）――にたいして用いられるかに応じて起きていたことをわたしたちに知らせている。

キケロの実例が法の領域から採られているのは偶然ではない。実際にも、哲学的意味内容には、法律的意味内容と政治的意味内容とが並走しつづけているのだった。そして法の分野では「レース（res）」とは――『市民法大全』において明らかなように――どんな仕方であれ法権利の領域に参入し、法廷訴訟の対象となるもの――取得されるもの（res adquisita）や譲渡されるもの（res data）や相続されるもの（res hereditaria）――のことである。また政治の分野では――アウグストゥスがみずからの功業について語っている著作の冒頭にあるように――「レース・ゲスタエ（res gestae）」とは皇帝がみずからの機能を行使するなかで遂行したもろもろの功業のことを指している。

「レース（res）」は、存在としては、人々のもの、人々の思考と人々の言語活動のもの、あらゆる意味において人々を挑発し人々に関係するものである。それが「レオル（reor）」＝「考える、考慮する、判断する」から派生したという――古代人にとっては馴染みの、しかし近代人にとっては不安な――語源論は、このことを確認させてくれるようでもある。だが、まさしく人間の思考と活動の全領域と合致しているかぎりで、「レース（res）」はそのつど、意味内容と戦略がさまざまであるのに応じて、分割され、分節化されなければならなくなるだろう。そしてそれらの意味内容と戦略がさまざまであるなかにあって、知性は道に迷ってしまう危険があるのである。

**ℵ** ハイデガーは、一九五〇年にバイエルン芸術学士院でおこなった「物」にかんする講演で、「ディング（Ding）」というドイツ語とそれに該当する「レース（res）」というラテン語の短い系譜学を描き出している。両者とも、起源においては、すでに想起したように、《人々に関わりのあるもの、関心事（Angelegenheit）、係争事案（Streitfall）、問題になる場合（Fall）》（Heidegger [2], p. 167）を指す。ところが、この元来の意味にラテン語でもうひとつの完全に異なる意味が付け加わって、それが前者に取って代わり、ついには元々の意味を完全に隠蔽してしまうにいたる。《「レース（res）」というラテン語は、人々になんらかの仕方で関わりのあるものを指しています。関わりのあるもの（das Angelegende）こそ、レースのレースたるゆえんなのです。レアーリタース（realitas）は［ハイデガーは、ここでは、ローマ人がすでに見たようにあずかり知らなかった「レアーリタース」という術語の使用をアナクロニスティックにも先取りしている］古代ローマでは関わりのあるもの（der Angang）として経験されたのです。しかしローマ人は、そのように彼らが経験したものを、ことさらにその本質において思索したわけではけっしてありません。むしろ「レースのレアーリタース」というラテン語は、後期ギリシア哲学の受容をつうじて、ギリシア語の「オン（on）」の意味で表象されるようになります。「オン（on）」は、中世ラテン語では「エンス（ens）」と訳されましたが、これは「ヘールシュタント（Herstand 産出されて存在しているもの）」という意味での、現前しつづけているものを指します。レースはエンスとなります。産出され表象されているものという意味での、現前しつづけているものとなります。ローマ人によって自分たちに関わりのあるものとして本源的に経験されたレースの真正なレアーリタースは、現前しつづけるものの本質としては、隠蔽され埋没させられたままなのです。逆に、「レース（res）」という語は、もっとあと、とくに中世においては、あらゆる「エンスとしてのエンス（ens qua ens）」、すなわち、なんらかの仕方で現前しつづけているものをひとしなみに表示するために用いられるようになります。たとえそれがエンス・ラティオーニス（ens rationis）

としての表象のなかにのみ存在するにすぎないとしてもです。同じことは、それに相当するドイツ語の「ディンク（dinc）」にかんしても起きています。「ディンク」というドイツ語はなんらかの仕方で存在するどんなものをも指すようになったのです》(Ibid., pp. 168–169)。

この時点に立ちいたったところでハイデガーはここまで駆け足で素描してきた系譜学を突如停止し、講演の冒頭で挙げていた「物」の例へと立ち戻る。例に挙げられているのはまさに水差しである。彼にとっても馴染み深いものであった存在論的伝統の「物」に決然と背を向け、彼自身が論考に添付された「或る若い学生への手紙」のなかで《無秩序で恣意的》と定義している思考体制のほうを選択するのだ。わたしが渇きを癒やすためにそこから水を飲む水差しは、ローマのレースの意味でも、中世風に概念されたエンスの意味でも、物ではない。それはいまでは大地と天空、神的な者たちと死すべき者たちが織りなす《四方界》のなかに挿入されるのであって、その関係のうちにその本質は存在する。わたしたちはここでハイデガーが突然中断してしまった「物」の哲学的系譜学をふたたび取りあげようとしているのである。

**2**　「レース（res）」の「エンス（ens）」という存在論的意味に向かっての意味論的進化が最大の発展段階に到達するのは、中世哲学においてである。古代世界の末期、アウグスティヌスにおいて、「レース（res）」の範域はすでに言語および記号との対置のなかで余すところなく定義されていた。《すべての教えは、物についてであるか、しるし〔記号〕についてであるが、物はしるし〔記号〕をつうじて習得される（res per signa discuntur）。しかし、わたしが本来の意味で物と呼んできたもの、たとえば木とか石とか羊とかそういったたぐいのものは、なにか或る他のものを指し示すために用いられはしない》（『キリスト教の教え』一・二・二）。「物」とは——たとえそのものとして主題化されることはまれにしかないとしても、つねに念頭に置かれたままになっているだろう意味論的な流れに従って——ここでは言語によって指示されるすべてのものであることを注記しておくのが重要であるとするなら、その語に内在する曖昧さが残りつづけているというのも疑いがない。というのも、物も《モーセが苦い味を除くために塩辛い海に投げこんだ木のように》記号として用いることができるからであり、逆に、記号のほうも、それらの感覚的な面においては物であって、もしそうでないとしたなら存在しえなかっただろうからである（《どの感覚もまた物である。なぜなら、物でないものはまったくの無である（quod enim nulla res est, omnino nihil est）からである》）。そして物という語の意味論的領域がいまや存在と同一視されるほど広大なものになっていることは、アウグスティヌスが《たしかにこのように卓越したものにふさわしい名前を見つける》のは容易でないとして、三位一体自体を「物」と呼んでいるという事実から示される。《それゆえわたしたちが享受すべき物（res ergo, quibus fruendum est）は父と子と聖霊であり、三位一体そのものであって、それを享受する者たちに共通の、唯一にして最高の物である。しかしながら、それははたして物であって、むしろ万物の原因ではないのだろうか。しかしながら、それはほんとうに原因なのだろうか（si tamen res et non rerum ominium causa, si tamen et causa est）》（一・五・五）。

この時点から始まって、このアウグスティヌスの問題含みの一節との関係においても、神学者たちの執拗な努力は「レース（res）」の指示対象を存在論の語彙集と突き合わせながら定義することに差し向けられていくことになるだろう。「レース（res）」が存在の次元に配置転換されるなかで、《或る者にとって問題になるもの》という元来の意味内容は、存在と存在者、本質もしくはクイディタース（quidditas）と現実存在、可能態と現実態、可能性と現実性、エンス・イン・インテレクトゥ（ens in intellectu 知性の中にあるもの）とエンス・エクストラ・アニマム（ens extrta animam 魂の外にあるもの）といった、西洋の存在論を支配している分裂に従って枝分かれしていくだろう。そして最もありふれた語彙——語る人間たちに関わるもの——が「存在」という語の使用を規定している当の曖昧さによって印づけられることとなるだろう。それは時と場合に応じて、最も抽象的なものでもあれば、最も直接的で触知しうるものでもあり、たんに人々の心の中にあって可能的に存在しうるにすぎないものでもあれば、現実に（realiter）存在するものでもあるのだ。

支配的な傾向は「レース（res）」に本質および可能態という意味を保存しておこうとするだろう。《三つの位格のそれぞれは例の物、すなわち、実体か、本質か、神性（illa res videlicet substantia, essentia sive natura divina）である》と一二一五年の第四ラテラノ公会議は裁可している。その一方で、ブラバンのシゲルス〔一二四〇－一二八四。北海沿岸の低地地方出身の哲学者。アリストテレスの研究者で、イスラーム思想家イブン＝ルシュドによる注釈を重視したことで知られる〕の定義には《物と存在するもの（res et ens）》とある（『形而上学の諸問題』四）。《両者は同じ本質を指示しているが、同義語ではない。

［……］存在するものは行為の様態において（per modum actus）指示し、物は習慣の様態において（per modum habitus）指示する［習慣というのは可能態が習慣的に或る主体のなかに存在するさいにとる様態のことである］》（Hamesse, p. 99）。同じ意味において、トマス・アクィナスも、アウィケンナ〔イブン・スィーナー〕（九八〇－一〇三七。アリストテレス哲学と新プラトン主義を結合させたことでヨーロッパの医学と哲学に多大な影響を及ぼしたペルシアの哲学者・医者・科学者）を引用しながら、「レース（res）」と「エンス（ens）」とは、考察されるのが或る物の本質であるのか現実存在であるのかに応じて区別されると述べている（『命題集註解』第一巻第二五区分第一問第四項）。それだけに奇妙なのは、これにたいして、形容詞の「レアーリス（realis）」や副詞の「レアーリテル（realiter）」が「客観的に存在する」という意味内容を帯びはじめていることである。形容詞と副詞はそれらの意味を中世以後と近代の使用においても維持することになるだろう。たとえばトマスは被造物を神の言葉のうちで胚胎されていたものの《現実的な表出（realis quaedam expressio）》と定義することができているのである（『対異教徒大全』六・四・四二）。

それでも、「レース（res）」という語の他のさまざまな意味は消えてなくならない。十四世紀の或る哲学辞典はボナウェントゥーラ〔一二二一－一二七四。イタリアの神学者、枢機卿。フランシスコ会総長〕が彼の『命題集註解』で用いた定式を取りあげ直して、その語の意味論的領域をつぎのように要約している。《「レース（res）」は三通りの仕方で言表される》。第一は「レオル（reor 考える）」から派生して汎通的に（communiter）使われているもので、《認識の中に落ちこむすべてのもの（omne illud quod cadit in cognitione)》を指す。第二は《本来的な(proprie)》もので、《魂の外に存在するものと置換される(convertuntur cum ente extra animam)》。第三は《より本来的な(magis proprie)》もので、《存在するものそれ自体、すなわち実体について(de ente per se, quod est substntia)》言われる(Hamesse, p. 93)。

「レース(res)」という語は、まさしく一連の分裂と分節化を経由してきたかぎりでの思考と認識にかかわるものを名指しているために、けっしてその曖昧さを失うことはなく、この意味において、存在論とそれのなかで問題になる存在の「現実性」を条件づけていくことになるのだった。トマスが「レース(res)」にかんして示唆している二つの語源論のなかでは、魂の外に存在するものとあくまで知性の中にある現実との分裂がいまや明確に証言されている。《物の名には二つの起源がある。魂の中にあるものから生じたものと、魂の外にあるものから生じたものがそれであって、前者の意味では「レース(res)」は「レオル(reor)」(考える)、「レリス(reris)」(語る)から派生し、後者の意味ではなにか固定し(ratum)、おのずと安定したものを指す》(『命題集註解』第一巻第二五区分第一問第四項)。

**3** 「レース(res)」という語の歴史における注目すべき瞬間は、中世の論理学が超越的もしくは超越論的と定義する諸概念——「エンス(ens 存在するもの)」「ウーヌム(unum 一なるもの)」「ウェールム(verum 真なるもの)」「ボヌム(bonum 善なるもの)」「ペルフェクトゥム(perfectum 完成されたもの)」——、すなわち、もろもろのカテゴリーを超越し、それらのカテゴリーの述語となりうる、このうえなく一般的な諸概念のあいだに「レース（res）」が挿入された瞬間である。これらの概念が問題化されるにいたった起源は、「エンス（ens）」「レース（res）」「アリクイド（aliquid 或るもの）」といったような一般的な術語が神にも被造物にも等しく適用されてよいのかという問いをめぐる十二世紀の神学的議論のうちに求められるべきである（cf. Valente, passim.）。しかしながら、超越論的諸概念、そしてより一般的には中世の存在論の語彙集のあいだに「レース（res）」が導入されるにあたって決定的影響を及ぼしたのは、アウィケンナである（より正確にはアウィケンナのラテン語訳であって、それは十二世紀の最後の十数年間にはヨーロッパ中に流布していた）。古代人によっても近代人によってもたえず引照されている『第一哲学の書』の一節（一・五）で、アウィケンナは「物」（res; アラビア語 shay）および「存在するもの」（ens; アラビア語 mawgud）という概念の第一位性を主張していた。それらはただちに最初の印象を魂の中に刻みこむ（statim imprimuntur in anima prima impressione）のであって、他の概念から獲得したものではなく（quae non acquiritur ex allis notionibus）、循環的な論法によってしか或る時を明らかに顕在化しえない（nullo modo potest manifestari aliquid horum probatione quae non sit circularis）というのだ。

指摘されたことがあったように（Wisnovsky, pp. 189–190）、二つの概念は外延的には同一であるとするなら、しかしながら、内包的には、すなわち指示の様態においては区別される。「レース（res）」はどちらかというと本質もしくはクイディタース（quidditas）に関係しているのにたいして、「エンス

(ens)」はどちらかというと現実に存在するものとして考えられた物に関係している。あらゆる物は——とアウィケンナは書いている——その物をその物であるところのものにするケルティトゥード(certitudo)(アラビア語 haqiqa:「実因もしくは真因」)を有している。《たとえば、三角形はそれを三角形と定義するケルティトゥードを有しており、白さはそれを白さと定義するケルティトゥードを有している》(『第一哲学の書』一・五)。こうしてアウィケンナは「シャイ(shay)」から「シャイッヤ(shay'yya)」という術語を造りだすのである。この術語は字義どおりには「物性」(もしくは「物的あり方」)を指すが、奇妙にもラテン語の翻訳者たちは、そう翻訳されるだろうと期待してもよかったのに、「レアーリタース(realitas 物性)」とは訳さず、「カウサーリタース(causalitas 作因)」と訳している。この点にかんして以下のような鋭い仮説を提起したのはマリー＝テレーズ・ダルヴェルニー〔一九〇三－一九九一。フランス国立図書館の司書、歴史家。『アラブ哲学者たちの翻訳』(一九五四年)ほか著作多数〕である。アラビア語からラテン語への翻訳は二人の人物の手によってなされた。いまの場合には、セファルディー〔スペイン系ユダヤ人〕の研究者アウェンダウス〔アブラハム・イブン・ダウド〕と、ドメニクス・グンディサルウィ(グンディサリヌス)である。前者はアラビア語に精通していて、一字一句、字義どおりにスペイン語やイタリア語に翻訳していた。こうしておそらく「シャイッヤ(shay'yya)」にスペイン語で「コシタド(cositad)」またはイタリア語で「コーサリタ(cosalità)」という語を当てていたのだった。これにたいして、後者はラテン語に転写するさい、その言葉を「カウサーリタース(causalitas)」と誤解してしまった。この誤訳の結果、「物性」を指すのにアウィケンナによってアラビア語で開発された「シャイッヤ(shayʾyya)」は、アウィケンナの思想がラテン文化に受容されたさいにも、ロマンス諸語に伝達されずに終わってしまったというのである。もしこの過ちが犯されていなかったなら、わたしたちは今日「物性」と言っていて「現実性」とは言わなかっただろう。そしておそらくいっさいがもっと明確になっていただろう。

ハイデガーが想い起こさせたように、西洋の哲学的語彙が一連の翻訳上の誤解をつうじて形成されてきたということに疑いの余地がないとするなら、アウィケンナの場合には「物」が構制上、両義的であるというのも、同じく確かなことである。それは、一方では、そこからすべての認識が生じる原初的な経験を指しており、他方では、本質もしくはクイディタース(quidditas)を指している。まるで「物」は本質と現実存在の区別に先行するものであると同時にその区別の一部であるとでもいうかのようなのだ。実際にも、最近の研究が証明してきたところによると、現実存在にたいする本質の優位性も、物の存在論的な身分《ステータス》も――これらは解釈学の伝統がアウィケンナのものだとしている二つの相互に関連した理論上の要点である――、彼の思想のなかでは、現実には一読したさいにそうとおもわれていたよりもはるかに込みいった問題をなしているのだった。アウィケンナは「物」があらゆる真の言表の根底にある原初的要素を名指したものであるかぎりで(《物というのはそれについて何ものかを真に言表しうるもののことである(res est id de quo potest aliquid vere enuntiari)》)、あらゆる言表に先立って定立されており、つねにすでにそれについて与えられる定義のうちに含まれていることを了解している。《物というのはそれについて何ものかを真に言表しうるもののことであるとあなたが言うとき、物というのはそれについて何ものかを真に言表しうる物のことである（res est res de qua vere potest aliquid enuntiari）とあなたが言ったとしても同じことである。というのも、「それ」と「そのもの」と「物」とは同じ意味であるからである（nam et id et illud et res eiusdem sens sunt）。したがって、物の定義にはすでに物が定立されていることになる（Iam igitur posuisti rem in definitione rei）》。このために彼は物は存在するものから切り離すことはできないと主張することができるのである。《なぜなら、存在するものの理解はつねに存在するものに付き添われているからである（quoniam intellectus de ente semper comitabiur illam）》。そして《もしそのように存在すると考えられなかったとしたなら、そのときには物は存在しなくなってしまっただろう（si autem non esset ita, tunc non esset res）》からである（Wisnovsky, pp. 189–190）。

わたしたちが提出しようとおもっている仮説は、「レース（res）」＝「物」は、なおも言語活動をそのものとして主題化できないでいる文化においては、言語活動の純粋の志向性、すなわち、あらゆる言表されるものが何ものかに言及しているという事実を名指ししているというものである。このため、「レース（res）」は、必然的に、あらゆる言述行為にとって、ひいては物にかんするあらゆる言表にとっても、前提されることとなる。アウィケンナが本質を定義している『第一哲学の書』のすでに引用した一節（一・五）、すなわち、《あらゆる物はその物をその物であるところのものにするケルティトゥードを有している（unaqueque res habet certitudinem qua est id quod est）》という一節のことを考えてみるとよい。もし物がここでは明らかにそれの特徴をなす本質にとって前提されているとするなら、それは物がカントのように或る知覚の現実に存在する対象を指しているからでなく、物というのが、本質と現実存在の区別が成立する以前のところにあって、言語活動と志向的に関連したものの名であるからである（後期スコラ哲学においては、「エッセンティア・レイー（essentia rei）」といった言い回しとか、「エクシステンティア・レイー（existentia rei）」といった言い回しまでもが、「レース（res）」がどのような存在身分をもつのかと自問することがないままに、ごく普通に使用されるようになるだろう。物が定義されるさいの経路となる本質も現実存在も物に言及したものであることからしてである）。例示は容易に増やすことができる。たとえば数行前にアウィケンナが物を最も直接的で共通のものと定義しているくだりがそうである（《いっそう容易に表象に供されるもの（quae autem sunt promptiora ad imaginandum）は、まさしく、物、存在するもの、一なるもの、等々のように（sicut res et ens et unum et cetera）、すべての物に共通のもの（quae communia sunt omnibus rebus）である》）。そこでは単数形および複数形で「物」が反復されていて、「レース（res）」という語の指示内容が広範囲にわたると同時に両義的であることをうかがわせる。

「物」という言葉を反復し前提にすることなしには「物」について語ることができないとするなら、それは「レース（res）」が他の超越論的述語と同様、言語活動の志向性そのものを名指ししているからにほかならない。「レース（res）」は言語活動に固有の物（la cosa del linguaggio）、あらゆる言述行為およびあらゆる知解作用の「実在的な」相関物なのだ。このことは、マルカのフランチェスコ〔フランシスクス・デ・マルキア（一二九〇ごろ－一三四四以後）〕やガンのヘンリクス〔ヘンリクス・デ・ガンダウォ（一二一七ごろ－一二九三）のような後代の哲学者たちに、「エンス（ens）」は「レース（res）」という概念に付随したものであるかぎりで「レース（res）」に後続する地位にあり、したがって形而上学の第一の対象ではありえないという帰結をアウィケンナから導き出すことを可能にしてきたのだった。マルカのフランチェスコは『形而上学問題集』第一巻第一問で主張している。《エンスの大前提は最初の前提ではないので、形而上学の第一の主題ではなかった（ergo intentio entis, cum non sit prima intentio, non erit primum subiectum Metaphysicae）》と（Franciscus de Marchia, p. 66）。またガンのヘンリクスは、「物あるいは何ものか（res sive aliquid）」を《すべてに最も共通なものとして存在するもの》と定義するために、それを《純粋の無（purum nihil）》に対置しなければならなくされている。なぜなら、物だけがその本性からして知性と関係しているからであり、それが実際に定義しつつあるものは言語活動の志向性そのものであるからである。思考は、言語活動と同じく、つねに或る「物」および物性への言及を内包しているのであって、けっして「無」への言及を内包しているわけではないのである。《何ものも、なにか実在するものの根拠をもたないかぎり、生まれながらに知性を動かすことはない（nihil est natum movere intellectum nisi habens rationem alicuius realitatis）》（『任意討論集』第七巻第一－二問）。

しかしながら、物が物として名指しされるやいなや、それはただちに「それが何であるか」（quid est, essentia, quidditas）とそのたんなる現実存在（quodditas または anitas ――「それが存在するなら」）とに分裂し、この物の分裂が西洋の存在論にとって、その成功とそれが逢着することとなったアポリアの両面で、本質的なものとなる。それどころか、この分裂はわたしたちが西洋の存在論的マシーンと呼びうるものを動かす秘密の力を構成しているのである。

א　指摘されてきたように、ガンのヘンリクスにおいては「レース（res）」は無以外のすべてのものを指しており、それゆえ、トートロジーに達しかねないほどの抽象性のレヴェルを含意している（Boulnois, p. 145）。実際のところ、彼の「物あるいは何ものか（res sive aliquid）」の定義において問題になっているのは、言語活動（そして思考、インテレクトゥス）が言及するのはつねに何ものかであってけっして無ではないという事実である。すなわち、ここにあるのは《なぜ存在しているのは無ではなくてむしろ何ものかであるのか》というライプニッツの問いへの一種の先駆的な回答なのだ。存在しているのは無ではなくてむしろ何ものかであるのは、思考は《なにか実在するものの根拠をもつ》何ものかだけに対応しうるからであって、この場合、その何ものかが知性の中にあるのか外にあるのかは問題ではない。ジャン゠フランソワ・クールティーヌが示唆しているように、ここでは「レース（res）」という語が《どのような表象の内容をも、知性の外にあるその現実からは抽象して、しかしながら「コーギタービレ（cogitabile）」もしくは思考に固有の実質として理解された「現実」からは抽象することなく》指示しているのだとするなら（Courtine, p. 184）、ここで対象の側から（a parte obiecti）思考されているものは、純粋の無に対置された、思考および言語活動の志向性そのものなのだ。スアレスがより正確な規定を与えるように、《なんら概念が対応しないものをわたしたちは無と言う（nihil dicimus, cui nulla respondet notio）》のにたいして、何ものか（aliquid）のほうは《その何ものかに概念が対応している（cui aliqua notio respondet）》（cf. Courtine, p. 252）（これにたいして、近代思想は、言語活動はすでにつねに無への言及をみずからのうちに含んでいるというレオナルド・ダ・ヴィンチのテーゼ——cod. Arundel, fol. 131r:《無と言われているものは時間と言葉のなかにのみ見いだされる》——から出発する)。

**א** アラブ的＝中世ヨーロッパ的な「物」概念の古典時代における先駆形態は、たぶん、ストア派が「存在する」という類概念よりもさらに一般的な最高の類概念と考えていた「ティ（ti）」＝「何ものか」である。示唆されてきたように、ストア派とアラビアの学者たちを媒介する存在としてアプロディシアスのアレクサンドロス〔三世紀〕やシンプリキオス〔四九〇−五六〇〕のようなアリストテレスの後期注釈者たちが活動していたというのはありうることである。注目されるのは、この概念についてアレクサンドロスがおこなっているつぎのような批判である（アレクサンドロスは、プロティノスと同じく、ストア派の確信的な敵対者であった）。《ストア派が何ものか（ti）は現実に存在するものがそこに包摂されるべき類であると考えることによってどれほどの過ちを犯したかをここで証明することができる。もしそれが何ものかであるとしたなら、それは現実に存在するものでもあるだろうし、もし現実に存在するものであるとしたなら、そのときには現実に存在するものとして定義されることになるだろう。ストア派はこのディレンマから逃れようとして、現実に存在するということは物体についてのみ言われると主張しており、何ものかのほうは非物体的なものについても物体的なものについても言われるので、より高い類であると論じている》（『トピカ註解』四・一−九）。だが、実をいうと、現実の世界に物体として存在することなしに名指しされ思考されうる非物体的なものにも「ティ（ti）」を関わらせることによって、ストア派はそれを暗々裡に思考および言語活動の相関者であり、この意味ではスコラ哲学における超＝超越論的（supertrascendentale）概念としての「コーギタービレ（cogitabile）」に似たものと考えていたようにおもわれるのである。

**4**　ジャン・ジョリヴェ〔一九二五－二〇一八〕は或る重要な論考で、アウィケンナにおける本質と現実存在の区別はアリストテレスの『形而上学』を読んだことから出てきているだけではなく（言い伝えによると、アウィケンナはアリストテレスの『形而上学』を四十回読んだという）、『クルアーン』における物と現実存在の関係にかんするムタカリムム（mutakallimum〔カラム kalam（言葉）の師たち〕）の神学的議論から決定的な仕方で影響を受けていることを明らかにしている（Jolivet, passim.）。実際にも、『クルアーン』には、神は物に向かって《在れ》と言ったとあるが、これは注釈者たちによると「シャイ（shay）」＝「物」が神よりも先に存在していたという受け入れがたい帰結を含意しているとみえたようである。その一方で、アラビアの文法学者たちの語彙集のなかでは、物は或る述語の主語を指しており、神の属性が述べられているかぎりで、神は（三位一体を「物」と呼んでいたアウグスティヌスに起きたように）ひとつの「物」として考えられるべきなのだった。しかしまた、物と神学的問題とのあいだには、もうひとつのさらに決定的な結びつきが存在した。アウィケンナ以前に、すでにアル＝ファーラービー〔八七〇？－九五〇〕。イスラーム哲学の確立に多大な功績を上げたトルコ系のアラブ人哲学者・数学者・科学者・音楽家。とくに新プラトン主義の影響を受けたアリストテレス研究で知られる〕が現実に存在するもの――アル＝マウグード（al-mawgud）――と物――シャイ（shay）――を区別したさい、その区別は神においては生じえないことに想起をうながしていた。アウィケンナにおいてはこのモティーフが力強く立ち戻ってくる。そしてキリスト教神学者たちのあいだでも同じく力強く立ち戻ってくることになる。もし本質（物性）と現実存在、可能態と現実態の分裂が神以外のすべてのものの認識を支配しているとするなら、〈第一原理〉〈神〉においてはその分裂は停止されなければならないというのだ。実をいうと、両者の差異は神学のうちに根拠をもっており、神学的パースペクティヴのもとでのみ、その真の意義を獲得するのである。両者が被造物において区別されるのは、神においては合致するからでしかない。また逆に、両者が神において合致するのは、被造物においては分離されるようになるためなのだ。西洋の存在論の装置においては、存在は本質と現実存在とに分離しているが、この分離は神のうちにその前提とその構成の双方を同時にもつ。もし人間の知性が現実界を把捉し支配することができるのは現実界を二つの区分された次元に分離することによってのみであるとするなら、二つの次元の本源的な統一と可能な再分節化とは神のうちにそれらの統一と再分節化を保証するものをもっているのである。

ℵ　アラビアの哲学者たちにおける本質と現実存在の区別は、ギリシア語では「エイナイ（einai）」という動詞は「存在する」という意味（《神は存在する》）と文法上の繋辞の価値（《神は善良である》）

の双方をもっているのにたいして、アラビア語では繫辞的機能が欠如している（《ザイドは善良である》と《ザイドは存在する》とはそれぞれ別個の動詞を使って表現しなければならない）という事実によって込みいったものになっている。したがって、指摘されてきたように、アラビアの哲学者たちにとっては、アリストテレスは或るときには現実に存在するものについて語っており、また或るときには本質について語っているが、存在そのものについては一度として語っていないのである（Graham, p. 226）。

## 5

様態の問題は、アウィケンナにおいては、本質と現実存在の関係を正確に把握するうえで成否を制する決定的な意義をもっている。実際にも、彼の思想においては、スコラ哲学のうちにその達成を見いだすことになる過程が進行するのに従って、可能態が本質の上に重ね合わされていき、現実態と必然性が現実存在の上に重ね合わされていく。オルガ・リッツィーニ（一九六六―）は、もし本質がそれ自体としては可能的なものであり、〈第一原理〉がそれに現実存在を与えるのだとしたなら、《そのときにはアウィケンナが「物」と呼んでいるものはもうひとつの物の力によって必然的なものになる》ことを明らかにした（Lizzini, p. 124）。もし創造（本質から現実存在への移行）が可能態から現実態への移行として考えられるとするなら、そのときには可能態は創造に先行する不分明な前提のようなものに転化する。たとえ可能態（もしくは本質）がなにか神の知性の中に現実に存在するものとして考えられたとしても、いずれにせよ、創造は可能的なものの起源を説明することはできなくなってしまい、それはもはや「無からの創造（creatio ex nihilo）」ではなく、「可能的なものからの創造（creatio ex possibili）」であるだろう（Lizzini, p. 125）。もしアウィケンナが時として創造を可能態が知性の中にあってその現実化に先行して存在している芸術家のモデルに従って考えているようにみえるとするなら、また時には創造は時間の外で、絶対的に無から、可能的なものから現実的なものへとなんらの通過もしていくことなしに、遂行されるのである。いずれにしても、スコラ哲学がアウィケンナを踏襲して本質と可能態とを同一視し、現実存在と現実態とを同一視するようになるとき、それはこのことによって必然的に一連のアポリアも相続することになるだろう。そしてそれら一連のアポリアは存在論の議論において、すなわち、神における本質から現実存在への、また可能態から現実態への移行の問題において、おびただしい数の批判を見いだすことになるだろう。

**6**　「レース（res）」という語の両義性は、それから派生した、十二世紀以後西洋の哲学においてなくてはならない機能を展開することになる「レアーリタース（realitas）」という語にも伝達される（この語はラテン語に習熟した者の耳にはイタリア語で「コーサリタ（cosalità 物性）」に当たるような意味合いの音色を奏でているように聞こえていたのだった）。この語を正当にも《中世の考案物》と定義しているオリヴィエ・ブールノワ（一九六一－）は（Boulnois, p. 133）、すでに十七世紀の或る辞典（エティエンヌ・

ショーヴァン（一六四〇－一七二五）の『テーサウルス・フィロソフィクス〈哲学の宝庫〉』）はその語を考案したのはドゥンス・スコトゥスと彼の学派であるとするとともに、《「レアーリタース（realitas）」は「レース（res）」の短縮形である》とことわっていること、そしてその言葉を考案してきたスコトゥス学派はそれを「レース（res）」＝「物」と区別し、《物よりも小さな何ものか（aliquid minus re）》（ibid., p. 134）と考えていたことに想起をうながしている。

実際にも、スコトゥスは、「レアーリタース（realitas）」という概念を「レース（res）」という概念から区別している。が、それはたんなる短縮形もしくは漠然とした術語としてではない。白さ（albedo）のうちに色合いのさまざまな度合いを区別することができるように、「レース（res）」のうちにもさまざまな「レアーリタース（realitas）」の度合いを（物のうちにも、さまざまな「物性」の度合い、もしくはそれが物である仕方を）区別することができるのである。「レアーリタース（realitas）」は何ものかが何ものかである度合い（“gradus intrinsecus rei”——もっと後年にはスコトゥスは“modus intrinsecus”“realitas formae”“formalitas”といった言い方をするほうを好むようになるだろう）を表現している。ショーヴァンの辞典がそこから派生したヨハンネス・ミクラエリウス（一五九七－一六五八）の『レキシコン・フィロソフィクム〈哲学辞典〉』は、スコトゥスの説明と軌を一にして、《レアーリタースとは物のうちにある何ものかである（realitas est aliquid in re）。それゆえ、あらゆる物には複数のレアーリタースが見いだされるのであって、それらのレアーリタースはそれらがそこに内属している物から区別されなければならない。たとえば、人間のうちには理性性、動物性、実体性が見いだされる》と語っている。これらのレアーリタースは実在的に（realiter）、すなわち物としてではなく、形相的に（formaliter）のみ区別されるという。そしてここにおいて用語上の両義性は格別にきわだったものになる。

実際にもスコトゥスは、或る物と別の物とのあいだに存在する事実上の区別と、知性のうちにのみ存在する権利上の区別とのあいだに、事実上の区別以下で権利上の区別以上の何ものかであるような形相的区別を導入していた。そしてこの区別のおかげで、同一の人間のうちに類と種差があり、神のうちに神性と父性があるように、同一の物のうちに複数のレアーリタースが存在しうるのだった。

形相的区別はスコトゥスが個物を把握するさいの仕方を理解することをもゆるしてくれる。人間において、共通の自然本性と彼を個体化したものにしている差異とは二つの物ではなくて、同一の物における二つのレアーリタース（realitates eiusdem rei）なのであって、形相的に区別されている（formaliter distinctae）にすぎないのである。こうしてスコトゥスは本質と現実存在の差異を新しい天才的な仕方で分節化することができるようになる。現実存在は本質から或る物と別の物とが（res et res）区別されるようにして区別されるのではなく、共通の自然本性もしくは本質の究極的な現実化（ultima realitas〈究極的な物性〉——これをスコトゥスはしばしば「ハエッケイタース haecceitas」、「このもの性」もしくは「ここ性」とも呼んでいる）があるにすぎないというのだ。それは《付加された形相から手に入れられるのではなく、形相の究極的な物性から手に入れられる（nunquam sumitur a forma addita, sed praecise ab ultima realitate formae）》（『オルディナーティオー〈定本 ペトルス・ロンバルドゥス命題集註解〉』第一巻第三篇一八〇)。現実存在はなにか本質に付け加えられたものではなく、本質が現実化した究極的な姿、形相の究極的な段階である。スコトゥスの言によると、この形相の究極的な段階は物の完成体 (perfectio realis) であり、そのようなものとして端的に単純 (simpliciter simplex) であるという (『オルディナーティオー』第一巻第三篇一五九)。

「レース」と「レアーリタース」、「物」とその「物性」とは、緊密な関係にあるが、合致はしない。「レース」以上に現実的なものはなにひとつとして存在しないが、「レアーリタース」は「レース」を内包しており完成させる。中世思想における支配的傾向に従って、本質が現実存在に優先し、物性が物に優位しているにせよ、その逆が主張されるにせよ、いずれの場合にも、わたしたちの現実性概念の系譜学はわたしたちを根本的分裂の閾にまで連れていくのである。

א　スコトゥスの思想がアウィケンナから決定的な影響を受けてきたということは、少なくともエティエンヌ・ジルソン (一八八四―一九七八) の研究以降は解決済みとなっている。だが、奇妙にも、「レアーリタース」の概念にかんしてはこれは当てはまらない。「レアーリタース」という概念は、マリー＝テレーズ・ダルヴェルニーによって示唆された理由からして、アウィケンナのラテン語訳にはまれにしか出てこないのである。それでも、その概念は『生成と腐敗についての第三の自然の書』のなかに二度、「シャイッヤ (shayʾyya)」＝「物」の訳語としてではなく、「アル＝マウグード (al-mawgud)」＝「現実存在」の訳語として姿を見せている。

**7** スコトゥスにおける「レアーリタース（realitas）」という語の最も正確な翻訳は、おそらく、それを「現実性」ではなくて「現実化」と訳すことではないだろうか。「レース」に内属するさまざまな「レアーリタース」は本質の現実化——「ペルフェクティオー」——のさまざまな段階もしくは水準を表現している。この現実化は、或る物が別の物から区別されるように、何ものかとして区別された形相の付加（たとえば形相が質料に付加される場合のように）ととらえられてはならず、唯一の「レース」が現実化したものととらえられなければならない。白さは——とスコトゥスは書いている——或る物と別の物との合成からできているのではない。そうではなくて、そこにあるのはむしろ、形相的現実化の二つの相異なる段階（duae realitates formales）なのであって、《それらのうちの一方はもう一方との差異をつうじて現実化しうる（perfectibilis）種類のものなのである》と（『レクトゥーラ〔講義録〕』第一巻第八篇一〇三）。注目されるのは、スコトゥスが究極的な現実化を《ほぼ現実化したもの（quasi actus）》に譬え、それは《種のほぼ可能的および潜勢的な（quasi possibilem et potentialem）物性を規定する》と述べながらも、可能態から現実態への移行はここでは別の形相もしくは本質によってなされるのではなく、同一の形相が現実化するというかたちで、形相の究極的な物性（ultima realitas formae）によってなされていることである。このために正当にもアラン・B・ウォルター〔一九一三－二〇〇六〕は、スコトゥスにとって形而上学の対象はたんに存在するものではなく、《現実化しうるもの》、すなわち、存在のなかにあってつねに現実化に向かいつつある可能態であると主張することができたのだった（Wolter, p. 69）。

スコトゥスの概念化作業にはそれ自体が新プラトン派のプロオドス（proodos〔進行・前進〕）に由来するアウィケンナの流出論が影響を及ぼしていたというのはありうることである。わたしたちはほかの場所で、ハインリヒ・デリー〔一九一一－一九八三。ドイツの古典文献学者〕の研究を踏襲して、新プラトン主義とともに存在論の語彙集のなかに導入されるヒュポスタシス（hypostasis）という語がたんに現実に存在するものを指し示しているのではなく、「現実化するもの」であるかぎりでの現実に存在するものを指し示していること、そしてそれが導入されたことは本質と現実存在とのアリストテレスの区別を根本的に変更してしまうことになったことを明らかにしておいた（Agamben [2], p. 187）。アリストテレスにおいては本質は現実に存在するものを把捉することをめざす問いからもたらされたものであったのにたいして、いまや、現実に存在するものが、ヒュポスタシスとして、本質を給付し現実化するのである。このことは中世思想にも当てはまるのであって、そこでは新プラトン主義との結びつきには――アラビア哲学の媒介があったこともあって――アリストテレス主義との結びつきと同様に強いものがあるのだった。

存在が本質と現実存在、可能態と現実態に分裂した帰結のひとつは、現実に存在するものがいまではさまざまに概念された現実化の過程の結果として提示されるようになったことである。かくて現実に存在するものは本質が「現実化したもの」――ヒュポスタシス――となる。そしてヒュポスタシスという語が三位一体（“mia ousia, treis hypostasis”——これをラテン語では“una substntia, tres personae”と翻訳することになるだろう）を定義するために神学的語彙集のなかに参入するとき、その言葉の意味は何かといえば、それはニュッサのグレゴリオス〔三三五ごろ－三九四以降。トルコ出身のキリスト教神学者。三七二年からニュッサの主教を務めた〕が明確化しているように《本質による可能態のヒュポスタシス化（kat' ousian [⋯] hyphestosa dynamis)》、すなわち、本質の現実化にほかならないのだった。

**8**　スコトゥスの弟子たちにおける「レアーリタース」という語の歴史をたどってみるのが有益だろう。スコトゥスの最も鋭敏な弟子の一人であるメロンヌのフランキスクス〔一二八八ごろ—一三二八〕のものであるとされている『形相化されたものどもについての論考』では、師の「レアーリタース」概念はフランキスクスが「レアーリターレ（realirare)」という動詞を（ときには“realizare”あるいは“ralificare”というかたちで）案出しなければならなくされているほどまでに「現実化」という意味において展開されるにいたっている。これはおそらくデカルト以降、近代哲学において長く使われることとなる語の初出例ではないだろうか。《レアーリタースは何ものかのうちに存在するすべてのものがそれを介して現実化されるところの本質内在的な様態である（realitas est modus intrinsecus mediante qui realitantur omnia quae sunt in aliquo)》と断固然とした定義にはある（Franciscus de Mayronis, p. 70)。そしてこの定義と一貫して、彼は物という語の三つの意味を区別する。基体としての（per modum substrati）意味と、述語としての（per modum praedicati）意味と、最後に、何かあるものの《何ものか性もしくは本質がレアーリタースをつうじて現実化される（quidditas realizatur per realitatem）》という意味の三つである（Ibid., p. 70）。彼は同時に、偶有的なものの基体であるスブスタンティア・クァリフィカータ（substantia qualificata）を彼がスブスタンティア・レアーリフィカータ（substantia realificata）と呼ぶものから区別する。そして後者のうちでさらにこのもの性をつうじて収縮した本質（quidditas contratta per hecceitatem）と、現実に存在するもの自体と、それが現実化されるさいに媒体となるレアーリタースとを区別する（Ibid., p. 70）。

ブールノワが示唆しているように（Boulnois, p. 148）、現実性概念の誕生は本質と現実存在の形相的区別の身分《ステータス》をめぐる十三世紀の論争のうちに探し求められるべきであるというのが真実であるなら、まさしくそうであるために現実性概念は（可能的な本質から必然的な現実存在への）現実化の様態的な過程から切り離せないということを想い起こすのも同じく重要である。そのときには、思考の事柄の分裂の最初の結果は現実のいっさいが現実化に変容するということであり、存在そのものが可能的なものが不断に現実化されていく過程でしかないと言うことができる。

**ℵ**　フランシスコ会の神学者、ペトルス・アウレオルス（一二八〇ごろ－一三二二）は、スコトゥスに反対して、レアーリタースとレース、本質と現実存在の区別を否定して終わってしまうような、独自の学説を口にしている。注目されるのは、その区別を否定するために、彼は彼の時代の存在論の語法に無理を強いて、まるで言葉遊びをしているかのように、《どの物も物的にはその物性と異ならない(Nulla res differt realiter a realitate sua)。もし異なっているなら、それは別の物性であって、その物の物性ではないだろう》と主張していることである(『命題集註解』第三区分第四部三一―三二)。ここでも、この文言の意味は「レアーリタース」を「現実化」と翻訳し、《どの物も現実に存在するものにおいてはその現実化と異ならない》と解するなら、明確になる。

## 9

「現実性」という概念が誕生するにあたってはそれが現実化という様態的意味を内包しており、同時に神による世界の創造との構成的な連関をも内包しているということは、おそらくその語が最初に姿を見せるテクストではないかとおもわれるトゥルネーのオド(十一世紀)の『ミサ典礼文の説明』において明らかである。『ヨハネによる福音書』の「序章」を暗々裡に想起しつつ、彼は書いている。《〔世界は〕無から作られましたが、言葉の中に存在していました(factum est de nihilo, erat tamen in verbo)。創造というかたちで(crealiter)作られ、永遠に(aeternaliter)存在していたのです。至高の術の中に(in summa arte)存在していて、物の中で(in re)作られたのです。造物主の理性の中で形相的に(formaliter別のありうる読みによると、formabiliter――すなわち、形成しうる仕方で、もしくは現実化しうる仕方で)生きていて、実在する現実の中で実体的な仕方で(in realitate subsistenti substantialiter)作られたのです。実体的に作られたものとなるために無から生起した(de nihilo prodiit)のです。実体的に存在する以前に形相的に存在するために言葉の中で生きていたのです》(『ラテン教父集』一六〇、一〇五三－一〇七〇、col. 1060 A)。アウグスティヌスの「アルカ・イン・アルテ(arca in arte 知識の中にある箱)」と「アルカ・イン・オペレ(arca in opere 作品の中にある箱)」のパラダイム(『ヨハネによる福音書講解説教』一・一)――《職人が箱を作ります。彼はまず知識の中に箱を持っています。実際にも、もし知識の中に箱を持っているのでなければ、作るにあたってどこからその輪郭を示すのでしょうか。[……]作品の中にある箱は命ではありませんが、知識の中にある箱は命です。なぜなら、製作者の魂が生きていて、これらすべてのものは作り出される前にその中にあるからです(Faber facit arcam. Primo in arte habet arcam. Si enim in arte arcam non haberet, non esset ut fabricando illam proferret [......] arca in opere non est vita, arca in arte vita est; quia vivit anima artificis, ubi sunt ista omnia antequam proferantur)》)を取りあげ直して、オドは創造の二つの契機(形相と実体、言葉と被造物)を造物主の知性の中にある可能性から実体的な現実性へと向かう現実化の過程として分節化する。創造概念が中心に据えられていることがキリスト教的世界観の新しさを印しづけているというのが真実であるとするなら、現実がこのようにして絶えることなく続く現実化の過程の成果となったというのも、西洋の歴史においてこれに劣らず決定的なのだった。言葉は世界において現実化される。ひいては、世界は言葉が不断に現実になる過程にほかならない。「クレアーティオー・ディーウィーナ(creatio divina 神による創造)」がこの意味において神学者たちによって「クレアーティオー・コンティヌア(creatio continua 連続創造)」と考えられ、それなしには被造物は消えてなくなってしまうだろうとみられていたということは、創造の過程と現実とが切り離しえない関係にあることを確証する。わたしたちが今日その無制限の展開に居合わせている自然のテクノロジー的変容は、もし現実が当初レアーリタースとして把握されていなかったとしたなら、そしてレアーリタースが創造および現実化として把握されていなかったとしたなら、考えられえなかっただろう。

ℵ 別の場所で明らかにしたように、秘蹟の儀式は存在と行為とが現実化と実効性のパラダイムのもとに置かれる場所である。注目されるのは、アンブロジウス〔三四〇?–三九七。ミラーノの司教〕が質料と形相のあいだに《オペラートーリウム〔作用素〕と呼ばれる、実現するのに役立つ、第三のもの(tertium [......] quod operatorium dicitur, cui suppeteret [......] efficere)》を置いていることである。いまや、存在は実効性であり実効化であって、みずからの内部に、マリウス・ウィクトリヌス〔二八一/九一–三八六?〕の言によると、《内奥の作用》を有しているかのようなのだった。《実のところ、作用そのものが、同時に、単純に、存在なのである(ipsum enim operari esse est, simul et simplex)》(Agamben [1], p. 65)。

10 その体系的定式化のなかで〈第一哲学もしくは存在論(Philosophia prima sive ontologia)〉が近代に伝達されることとなる後期スコラ哲学においては、可能性の問題は本質の定義のうちにその具体的な適用例を見いだす。本質とは、真っ先に現実に存在するものについて概念されるもの(quod primum

de ente concipitur）のことであって、現実に存在するものの現実性は単純にその可能性をつうじて、ひいてはその現実存在を排斥するものをなにひとつ含んでいないものとして、定義される（ens dicitur, quod existere potest, consequenter cui existentia non repugnat〔エンスとは、現実に存在しうるもの、ひいては現実に存在することを排斥しないもののことである〕）。この可能性を定義している、現実に存在することを排斥しない（non repugnantia ad existendum, seu existendi possibilitas）というのが、現実に存在するものの本質内在的な性格（quidnam intrinsecum）である。バウムガルテンの含蓄に富む定式化のなかでは、本質と可能性とは一体化する。《本質は、可能的なもののうちにある本質的な諸属性の総体、もしくはその内的な可能性（complexus essentialium in possibili, seu possibilitas eius interna）である》（Baumgarten, par. 40, p. 8）。スコラ哲学の語彙集でいうなら、「レアーリタース」はその本質と一致し、本質はその可能性と一致する。

この観点のもとでは、現実存在は単純に“complementum possibilitatis”――本質に含まれているもろもろの内的可能性の成就もしくは現実化となる。ヴォルフは述べている、《それゆえ、わたしは現実存在を可能性の成就と定義する》（Wolf, par. 174, p. 143）と。この定義に続く説明が明確に示しているように、現実存在はここでは本質に内属する可能性を現実化するために（ut possibilitas compleatur）、そして《存在者を可能態の状態から現実態の状態へ移し換えるために（ut ens ex statu possibilitatis in statum actualitatis tradicatur）》、本質に付け加えられなければならないもの（quod accedere debeat）と考えられている（Ibid., par. 174, p. 143）。現実化は本質のなかにその最も本来的な可能性として書きこまれているのである。

すでにライプニッツと並んでヴォルフとバウムガルテンの論述のモデルをなしているスアレスの『形而上学討論集』において、或る存在者の現実的本質はそれ自体としては現実に存在することにたいするなんらの排斥も含意しておらず（二・四・七）、それどころか、ライプニッツがその「現実に存在することへの傾向（inclinatio ad existendum）」のなかで取りあげ直すことになる言い回しにうかがえるように、現実に存在しようとする傾向を含んでいる（二・四・三――《それの根拠はつぎのこと、すなわち、それが現実に存在しようとする現実的な本質、すなわち、虚偽でも架空でもなくて、真実の、そして現実に存在しようとする性向をもった本質を有しながら存在していることのうちにある（eius ratio consistit in hoc, quod sit habens essentiam realem, id est non fictam nec chymericam, sed veram et aptam ad realiter existendum）》）。この意味において、現実に存在するものにたいする本質と可能的なものの優位性について語ることができるとするなら、しかしまた分裂のうちに含意されている多かれ少なかれ意識されたアポリアがこのために解消されるわけではない。現実的本質がそれ自体としては現実態のうちにあるのではないとしたなら、しかしまた――とスアレスは二・四・一四で書いている――それは現実態となった存在者への関係なしには可知的なものになりえない（intelligi non potest sine ordine ad esse et realem entitatem actualem）。こうして《現実態となって存在するものは被造物の本質に属するものではないけれども、それでもなお、現実に存在するよう定められた存在、あるいは現実に存在しようとする性向（ordo ad esse vel aptitudo essendi）はその内在的で本質的な概念に属している（est de intrinseco et essentiali conceptus ejus）》のであると。

存在論的マシーンの機能の仕方を定義している明らかな循環性の結果、本質は現実存在をつうじてしか定義されえず、しかしまた現実存在のほうはその成就もしくは現実化以外のものではない。そしてスアレスが二・四・六で《或る物の本質（essentia rei）はその物に収斂するすべての行為および特性の最初の根源的で内的な原理である》と書くとき、ここで「物」とは何を指しているのか、その語はむしろ、「物」を（「物」という言葉を）前提とすることなしには「本質」とか「現実存在」といったことについて語ることはできないのであって、その「物」が分裂した結果、「本質」と「現実存在」は生じたのだという事実を心ならずも明らかにしているにすぎないのではないか、どうもはっきりしない。

# 第二章　神の現実存在

I　存在論的議論は、思考の本来の第一義的な対象である「物」の分裂と、そして同時にその「物」が内包している割れ目を構成しなおす必要とが中世思想のなかで否応もなく出現する場所である。その議論がわたしたちに関心があるのは、神の現実存在を立証しようとするこころみとしてだけでなく、あるいはそうしたこころみとしてではなく、むしろ、それが神の現実存在を証明しようとこころみるさいにとる様態のゆえである。この様態はライプニッツによって《可能態から現実態への驚嘆すべき移行》という定式でもって表現されてきた。すなわち、存在論的議論は、直接無媒介に存在に移行する可能性なるものを思考しながら、神の現実存在を立証しようとしているのである。しかし、もし可能性はここでは存在論的なカテゴリーであってたんなる論理的なカテゴリーではないことを忘れてしまったなら——これは時として著者たち自身がしでかしていることなのだが——その議論のもつ哲学的含蓄を見過ごしてしまうことになる。近代の研究者たちがその議論にたいしてそれは論理的な可能性概念から現実的効果への正当化しえない横滑りを含意していると異議を申し立てるとき、影に隠れたままになっているのは、この様態の存在論的な性質なのだ。

アンセルムス（一〇三三―一一〇九。一〇九三年から死去するまでカンタベリー大司教の座にあった神学者にして哲学者）が、《「神など現実には存在しない」と心の中で言う》『詩篇』（一三・一）の「愚か者（insipiens）」に反対して、或る文言の言わんとするところをわかっている者がその者がわかっているものが現実に存在することを必ずしも理解していないことに、《物が理解のうちにあることと物が存在していることを理解することとは同じではない（aliud enim est rem esse in intellectu, aliud intelligere rem esse）》（Anselmus, p. 12）という理由で同意するとき、彼が脇に置こうとしているのは、たんに論理的な可能性概念である。しかしまた、或る物の可能性の理解とそれが現実に存在することの理解とが一致する唯一のケースがある。神、《それより大きなものが考えられえないもの》がそれである。もし愚か者が神は現実には存在しないと言うことができるとするなら、それは彼が思考したと思いこんでいたことを本当にはわかっていなかったからにほかならない。実際にも、或る物を思考する場合、その物を指示する言葉だけを思考しながら（cum vox eam significans cogitatur）思考することもできるし、言葉の中でその物自体を理解しながら（cum idipsum quod res est intelligitur）思考することもできる。神――それより大きなものが考えられえないもの――をこの第二の仕方で思考するさいには、可能性と現実性、「理解の中にあること（esse in intellectu）」と「物の中にあること（esse in re）」とは必然的に一体化する。すなわち、神は存在論的差異の二つの断片、いたるところで分裂している本質と現実存在、可能性と現実性の合致を保証する者である。そしてこのために神は――やがてスコラ哲学が言うことになるように――つねにすでに現実化されてしまっている〈エンス・レアリッシムム（Ens realissimum このうえなく現実的な存在〉なのである。

存在論的議論が可能的な物から現実的な物への強いられた移行に立脚しており、そのなかで存在論的様態と論理的様態とがもう少しのところで混同されそうになっていることは、アンセルムスがその議論の緊要性を立証しようとして導入している例示から明らかである。彼は画家のケース――これは創造をつうじての可能態から現実態への移行を説明するためにアウグスティヌスが採用しているのをすでに見たトピカ的なパラダイムである――を想い起こして言う。《画家は自分が描こうとしている絵のことをあらかじめ考える（praecogitat）とき、まだ描いていないものを知性のうちに有してはいるが、そのものが現実に存在するとはまだ理解していない。しかし、描きあげるやいなや、画家はそれを知性のうちに有しており、同時に、描きあげたものが現実に存在することを理解している》（Ibid.）と。箱がすでにそれを製作する者の知性の中に存在していたように、ひいてはその現実化がいわばすでに製作する者の知性の中に暗に含まれていたように、これと同じようにして、《神とはそれより大きなものがなにひとつ存在しないもののことである》という命題を自分の知性のうちでわかっているつもりでいる愚か者も、もし本当にわかっているなら、そこからただちに彼が理解していたものが現実に存在するということを演繹しないわけにはいかない。アンセルムスにとっては、ひとが思考のなかで言葉、言語活動をわざと切り離して取り出すことをしなくても、言語活動のことが本当にわかっているなら、必然的に「レース（res）」に、言語活動が指示する当の物に言及していることになるというのは、明らかなことなのだった。もしこの物が、神という言葉の場合、そして神がそれより大きなものがなにひとつ考えられえないものであるかぎりで、神という言葉の場合にだけ、その現実存在の必然性を含意しているようにみえるなら、そのときには神という言葉を理解することは神が現実に存在することを認めることを意味しているのである。

愚か者を弁護した修道士ガウニロの同時代の天才的な小冊子（*Liber pro insipiente*）を読む必要があるのはこの観点のもとにおいてである。ガウニロは、もし絵または箱がすでに製作者の知識の中において（in arte artificis）現実的であるのは、それらが製作者の知性の一部であり、そのようなものとして命である（《知識の中にある箱は命である（arca quae est in arte vita est）》）のにたいして、製作者の外で現実化される箱は命ではない（《作品になった箱は命ではない（arca quae fit in opere non est vita）》）からであるとするなら、このことは《単純に耳にしたり案出した（excogitatum）》物には当てはめることができないことをみごとに示してみせる（Gaunilo, pp. 58–60）。なぜなら、ここでは物の実在性とその理解作用とは異質で相互に演繹しえないだろうからである。たとえなにかそれより大きなものが考えられえないものが現実に存在するというのが真実だとしても、たしかにこのものはそれを思考する者の知性のうちになおも作品になっていない絵画が画家の知識の中にすでに生き生きと現前しているのと同じような仕方では存在していないだろう。むしろ、或る文言もしくは名前がそれらを耳にしていまだわからないでいるそれらの意味を表出しようとこころみる者の知性の中に存在するのと同じようなふうに存在するだろう。

ガウニロの独創性は、アンセルムスによって不当にも製作者のモデルにもとづいて例示された知性のうちにある可能性から物のうちにある現実性への移行を論駁したことにあるのではなく、なによりもまず、愚か者を弁護するなかで彼が《言葉だけによる思考（cogitatio secundum vocem solam）》と呼ぶ言語活動と思考の次元、或る指示する言葉を思考していながらも、その言葉において指示されている物（アンセルムスの言う《その物自体（id ipsum quod res est）》）のことを必ずしも言おうとしているわけではない次元を想像していたことにある。ここで問題になっているのは、《なんらかの仕方で真実の物である言葉それ自体、すなわち、音節と文字からなる音声ではなく、耳にした言葉の指示するもの》を思考する思考、《しかしまた、その言葉によって通常何が指示されているのかを知っている者によって思考されるようにではなく（そのことからは物に従って――secundum rem――思考するということがやってくる）、むしろ、その言葉が指示している物を知らず、耳にした音声の効果と知覚した音声の指示内容をみずからに表象しようとする魂の動きに従ってだけ思考されるように》思考する思考なのだ（Ibid., p. 62）。愚か者の経験であるが、ガウニロがなんらかの仕方でたんなる音声と進行中の外示作用とのあいだで宙づりになった言葉そのものの経験にほかならないとみている、そのような言語活動の経験のなかにあっては、指示する言葉（たとえば、神という言葉）を、その言葉によって指示される物の存在を認めなければならないというようなことがないままに、一部の者たちが《失われた島（Perdita）》と呼んでおり、人間によって知られている他のどの島よりも富と歓びにおいて勝っていると語られている伝説上の島について語られるのを聞いたことがある人のように、知覚するのが可能となる。《もしだれかが、この島は現実に存在しており、このことについて疑いの余地はないと言って、わたしを説き伏せようとしたなら、わたしはその者が冗談を言っているのだとおもうかもしれない。あるいは、どちらがより愚かなのか判断できないかもしれない。わたしが彼を信じているとしたなら、わたしのほうだろうし、それとも、彼がまえもって、その島がなにか虚偽であるとか疑わしいものとしてでなく、本当に疑問の余地なく現実に存在しているものとしてわたしの知性の中にあることを証明することなしに、その島の現実存在を立証したと考えているとしたなら、彼のほうだろう》（Ibid., pp. 64–66）。

**2**　トマス・アクィナス〔一二二五ごろ－一二七四〕が『神学大全』の冒頭で展開している存在論的議論の論駁は、ガウニロのそれとさほど異ならない。神という名が何を指しているのかについての理解は神が現実に存在することを含意していると主張する者たちにたいして、トマスはなによりもまずもって、わたしたちは本質についての適切な認識をもっていないのだから、その現実存在はわたしたちにとっては自明ではないと異議を申し立てる。たしかに神においては本質と現実存在は一致するが、わたしたちが神についてもっていることはすべて名だけでしかないのだから、アンセルムスが主張するように、神についての定義から出発して、神においては本質と現実存在が一致することを立証することはなんとしてもできないのである。《たとえ神という名がそれより大きなものがなにひとつ考えられえないものを指すことはだれもが知っていることを認めるとしても、だからといって、それより大きなものがなにひとつ考えられえないものが自然界にも現実に存在するということが、そこから必然的に帰結するわけではない。実際にも、神という名によって何を言おうとしているのかを知性が把握しているということからは、理解の中において以外には神が存在するということは出てこない（non sequitur Deum esse nisi in intellectu）》（『神学大全』第一巻第二問第一項）。

トマスの最初の体系的著作、『ペトルス・ロンバルドゥス命題集註解』では、論駁はさほど決然とはしていない。というのも、神という名の指示内容は自明であるということ、そしてアンセルムスの議論は《ひとたびわたしたちが神を理解したのちには、神が現実に存在し、同時に神が現実には存在しないと考えることもできる、と理解することはできない（postquam intelligimus Deum, non potest intelligi, quod sit Deus et possit cogitari non esse）》という意味に受けとられなければならないということをトマスは認めているからである。しかしまた、このことから、愚か者でも神が現実に存在しないと考えることはできないということが出てくるわけではない。《なにかそれより大きなものがなにひとつ考えられえないものが存在しないと考えることはできるからである》（『命題集註解』第一部第三区分第一問第二項）。

ここでもまた、存在論的議論の効力はその議論の基底にある言語活動の経験に依存している。存在論的議論の支持者たちも批判者たちもおちいっているようにみえる論理的様態と存在論的様態のあいだの揺れは、わたしたちがその概括的な系譜をたどってきた「物」の言語活動からの分離に対応している。トマスの場合、問題となるのは、わたしたちが立ち戻る機会があり、彼も彼なりの仕方で完全に自覚していた、インド＝ヨーロッパ諸語における「ある」という動詞の――現実に存在することを意味する「ある」と繋辞の「ある」という――二重の指示内容である。実際にも、『神学大全』のさきに引用したくだりの数頁後で彼は書いている。《「ある」ということは二つの仕方で言われることに注意しなければならない。第一の仕方では、存在することの現実態（actum essendi）を意味する。これにたいして、第二の仕方では、魂が述語を主語に結合するときそこに見いだす命題の合成を意味する。もし「ある」を第一の意味にとるなら、わたしたちは神が現実に存在することも神の本質も知ることができない。ただ第二の仕方においてのみ、わたしたちは神が現実に存在することを知ることができるのである》（『神学大全』第一巻第三問第四項）。わたしたちは《神とはそれより大きなものがなにひとつ考えられえないもののことである》という命題を理解することができる。この場合の「ある」は文法的繫辞の価値をもっている。だが、《神がある》という神の現実存在を指示する命題を同じだけの確実さをもって理解することはできないのだ。ここにおいて現実存在の本質からの前進的な分離の過程が始まる。そしてこれはやがて、カントから始まって、両者の対立（《「ある」は現実的な述語ではない》）にまで導いていくことになる。

**3**　ドゥンス・スコトゥス〔一二六六?―一三〇八〕がドミニコ会の師〔トマス・アクィナス〕を論駁したあと、存在論的議論を新しい地盤の上で取りあげ直し、何度となく神の現実存在のア・プリオーリな証明に取り組んでいるのは、驚くには当たらない。ここでは『第一原理について』第三章の陳述（第四四－五七節）をたどってみよう。この部分はこれに続く『オルディナーティオー』（第二巻第一篇第一－二問）にほぼ字面《づら》どおり取り入れられているが、おそらくはスピノザに影響を与えたとおもわれる陳述規範に従って結論、証明、系と分節化された議論の細部を全面的に再現することはなされていない。スコトゥスはまえもって、自分の証明が関わるのは《数において単一のもの》ではなく、《クイディタース〔何性〕もしくは本性》である（したがって、現実存在の立証の対象は神ではなく神性である）と述べる。そして証明は現実態から（de actu）ではなく可能態から（de possibili）出発して進められるだろうと述べる。なぜなら、現実態による証拠は偶然的なものであって現実に存在するものにしか関わらないのにたいして、前者の証拠は必然的なものであって可能的な存在もしくはクイディタース的な存在にも関わっているからだというのである（第四三－四五節）。重要なのは、証明を案内している戦略を理解することである。それは可能的な存在から出発して、その可能的な存在の必然性を何ものをも引き起こしえず現実化しえないものとして提示しながら根拠づけるのである（第一原理はインエフェクティビーリス（ineffecibilis）である、すなわち現実化しえない）。

第一のテーゼ、あるいはすでに証明済みであるので結論は、或る生産的な自然が存在するもののなかに存在することはありうるというものである（第四四節――《或る生産的な自然が存在するもののなかに存在する（aliqua est natura in entibus effectiva）》）。もし現実化されうる自然が存在するなら、そのときには生産的な自然も存在することになるだろう。というのも、前者はみずからの力だけで存在するようになることはできないからである。第二の結論は、絶対的に第一の、すなわち、みずからの力では現実化されえない生産的なものが存在するということである。もしそのことを否定するなら、そのときにはそれは別のものによって現実化しうる（effectibile ab alio）ことだろう。そしてこの場合には先行する議論を反復せざるをえなくなり、このようにして無限に遡行していかざるをえなくなるが、こんなことは不可能である（infinitas est impossibile ascendendo）。それゆえ、第一の生産的なものが存在するのである（第四六節）。第三の結論は、絶対的に第一の生産的なものは何ものをも引き起こしえないということである。というのも、それは現実化しえない（ineffectibile）ものであり、他のものからは独立にそれ自体で生産的なものであるからである。そしてこのこともまた立証される。なぜなら、もしそれが何ものかを引き起こしうるものとして他のものの力のなかに存在しているのだとしたなら、無限に向かっての進行を新たに認め、そのたびごとに、何ものをも引き起こしえず、現実化しえない、或る存在へと遡行していかざるをえなくなるだろうからである。

第四の、そして決定的な結論は、絶対的に第一の生産的なものは現実態となって存在する（est in actu existens）ということである。ここでも証明は可能的なものから出発して進行していく。もし他のものによって存在しうる（posse esse ab alio）ことを拒絶する何ものかが存在しうるとしたなら（si potest esse）、そのときには、それはみずからの力で（a se）存在する。だが、第三の結論から証明されたように、第一の生産的なものは他のものの力のうちに存在しうることを受けつけないが、それでもなお、第一の結論から帰結するように、それは存在しうる。それゆえ、絶対的に第一の生産的なものはみずからの力で存在しうるのである。ここにいたって、第五の結論が、何ものをも引き起こしえないものはみずからの力で存在することにならざるをえない（incausabile est ex se necesse esse）と主張できることとなる。実際にも、それはそれ自体としては（ex se）存在しないことがありえない。というのも、自分自身と共存しえないものだけが存在しないことがありうるからである。だが、何ものをも引き起こしえないものにかんしては、共存しえないものはなにひとつ存在しえない。なぜなら、この共存しえないものが存在するのはみずからの力によってか他のものの力によってであろうからである。もしみずからの力によって存在したのだとしたなら、そのときには、それは――第四の結論に従って――現実態となって存在することになっただろうし、同時に二つの共存しえないものが存在することになったただろうが、そんなことは不可能である。なぜなら、それら二つの共存しえないものが交互に排斥しあうことになってしまっただろうからである。またもし他のものの力によって存在したのだとしたなら、この場合でも、引き起こされなかったものが必然的に存在するのを阻止することはできなかっただろう。なぜなら、どの引き起こされなかったものも、引き起こされえないで存在しているということ以上に強烈で強力な（vehementius vel potentius）存在をもつことはできないからである。

近代の研究者たちは、スコトゥスの議論にたいして、それは論理的な可能性概念から実効的な因果性概念への横滑りを含意しているとの異議を提出してきた。異議は、見てきたように、部分的にのみ的を射ている。というのも、可能性はスコトゥスにとっては論理的なカテゴリーであるが、それと同時に存在論的なカテゴリーでもあるからである。彼が《論理的可能性には現実的可能性が対応している（huic possibilitati logica correspondet possibilitas realis）》と書くとき（『レクトゥーラ』第一巻第三九区分第一－五問五二）、彼は両者を切り離そうとはしておらず、まさしく両者が対応しあっていることを示そうとしている。彼にとって緊要なことは、むしろ、神においては可能性と現実に存在することとは一致する、すなわち、ともに失墜するということであり、それゆえ、神は何ものをも引き起こしえないだけでなく、現実化もなしえない（ineffectibilis）ということ、すなわち、現実存在となって引き起こされることも産み出されることもありえないということである。この意味において、第一にして現実化しえない存在の、論理的であると同時に現実的な可能性は、事実上、それが現実に存在するものへと置換されるのである。

しかしながら、これに劣らず重要なのは、そのような一致がそれのなかに書きこまれており、それのために当の一致がなんとしても立証されなければならない戦略である。実をいうと、可能性と現実に存在することとの一致が役立つのは、被造物における両者の分離を（スコトゥスのように、その分離を現実的な分離ではなく、形相的な分離にすぎないと考える著者の場合であっても）根拠づけようとするさいの度合いに対応している。このことは、立証を締めくくる第六のテーゼ――《みずからの力だけで現実に存在する必然性は単一の自然だけにふさわしい（uni soli natura convenit）》（第五七節）――を考察してみたなら了解される。ここでわたしたちに関心があるのは、スコトゥスが一致を証明するにあたっておこなっている議論ではなく、彼が口にしないままにしている帰結である。もし可能性と現実に存在することとが一致する単一の存在が存在するとするなら、そのときには、それ以外のすべての存在者においては可能性と現実に存在することとは分離されていることがありうるということになる。また逆に、可能性と現実に存在することとがもろもろの被造物においては分離されているとするなら、そのときには、両者が一致している存在――それも単一の存在――が存在しなくてはならなくなる。存在論的議論のマシーンは可能性と現実に存在することとの一致と分離をともに立証するのに役立つ。或るひとつの現実化しえないものが存在するのだから、残りのものはすべて現実化しうる。そして逆に、残りのものすべてが現実化しうるなら、そのときには、或るひとつの現実化しえないものが存在していなければならないのである。

**4**　存在論的議論は意外にもデカルトのなかでふたたび登場する。トマスと同様、デカルトはアンセルムスに異議を申し立てて、彼の議論は或る名の把握にのみもとづいており、そこから正当に導き出すことのできる唯一の帰結は《神という名が何を指すのかがわかっているとひとが言うとき、それは実在する物と理解の双方の中にあるものを指しているということを言おうとしています。しかし、名によって指示されるものは、だからといって真であるようにはみえません》ということであると述べる（Descartes [1], *Primae responsiones*, p. 115）。これにたいしてデカルトが提起する議論は、名の把握にではなく、《或る物の不変の本性、本質、もしくは形相の》（Ibid.）把握に関わっており、《わたしが或る物に属すると明晰かつ判明に認識するものはすべて本当にその物に属している（re vera ad illam pertinere）》（Descartes [2], *Meditationes*, p. 65）のである。そして神はこのうえもなく完全な存在（Ens perfectissimum）なのであるから、そこからは、神が現実に存在することは、三角形の三つの角の総和は二直角に等しいという事実が三角形の本性に属しているのと同じ必然性でもって、神の本性に属している、ということが出てくる。

ここでデカルトは「物」という語の指示内容について言葉遊びをしていると指摘されてきた。その語は本質あるいは観念をも知性の外に存在する対象をも指しているというのである。そして彼の立証にたいして、そこには論理的な可能性から実在的な可能性への誤った移行が含まれている、との異議が提出されてきた。そしてデカルトは、まさしく彼にたいして提出された異議への「第一の答弁」でこの議論の弱さに気づいていたからこそ、神はみずからを自己原因（causa sui）として提示する、という新しい議論の形態を練りあげるのだと言われてきた。しかしながら、デカルトはこの批判に答えて、この観念はたんに消極的に、神の現実存在には原因はないという意味にだけ受けとるべきではなく、積極的にも、神の力能（potentia）は神がすでにつねに現実存在へともたらされているほどのものであるという意味にも受けとるべきであると述べる。《わたしたちが神はそれ自体で（per se）存在すると言うとき、わたしたちはなるほどまたそれを消極的に、すなわち、その意味はたんに、いかなる神の原因もないということであるというようにも理解することができます。しかし、それよりも前にまずもって、神が存在する原因あるいは存在することをやめない原因についてわたしたちが探求していたなら、そして、神の観念のうちに含まれる広大無辺の力能に心を向けて、それが神が存在しており存在するのをやめていないことの原因であってそれ以外には原因はありえないほどまでに十全かつ充溢したものであることを認知したなら、わたしたちはもはや消極的にではなく、能うかぎり積極的に、神はそれ自体で存在していると言うのです。［……］実際にも、こうしてわたしたちは「それ自体によって存在する」というこの言葉をつねに積極的に、そしてあたかも原因によって、すなわち、神に固有の力能の充溢によって存在するかのように解釈すべきなのです》（Descartes [1], *Primae responsiones*, pp. 110–112）。

事実は何であるかというと、デカルトとともに、本質およびクイディタースと一致していたスコラ哲学的なレアーリタース〔実在性〕概念がそれを断固として現実存在のほうへ向かって置き直させる変容をこうむっているということである。こうしてジャン＝クリストフ・バルドゥー〔一九六七－〕は、『省察』における実在性概念を分析したなかで、デカルトにおいては《実在性はもはや本質に属する形相もしくは要素ではなく、現実存在のほうへといわば旋回している》と書くことができたのだった（Bardout, p. 186）。この《実在性の現実存在化》（Ibid., 195）が産み出されているのは、「第三省察」以降、実在性という概念が原因という概念と親密に結びついているからである、ということを見逃さないことが重要である。デカルトは何度となく結果の実在性はその原因からやってくると主張しており、《作動的かつ全体的な原因のうちには、この原因の結果のうちにあるのと少なくとも同じだけの実在性がなくてはならない》というのは明らかである、《というのも、結果は、原因からでないとしたなら、いったいどこからその実在性を採ってくる（assumere realitatem）ことができるというのだろうか》と述べている（Descartes [2], *Meditationes*, p. 108）。バルドゥーが示唆しているように、《実在性は、正確にいうなら、実在性がいまではその原因の作動性にぶらさがったままになっているかぎりにおいて、現実に存在するものとしてあつかわれている》（Bardout, p. 187）。このことは、デカルトがわたしたちがすでにスコトゥスにおいて現われているのを見てきたいくつかの要点を展開して、実在性と現実存在を或るひとつの実現の過程として――すなわち、現実としてではなく、現実化として――とらえていることを意味している（このために彼はレアーリタースについても「ペルフェクティオー（perfectio）」という語を使うことができるのである）。そして主体の学説に劣らず意義深いこの考え方を彼は近代哲学に遺産として残すこととなったのだった。

　この見方のもとでは、さもなければふたたび落ちこみかねない循環から存在論的議論を脱却させたデカルトの議論の真の新しさは、それがあらゆる論理的演繹を超越した力能もしくは可能性の経験にもとづいていることにある。《自然の光はたしかになぜそれが現実に存在するのかと問うことのできないようなものはなんら存在しないと教えている。［……］しかし、わたしは、そのなかにかくも大きくて汲み尽くせない力（tanta et tam inexhausta potentia）［フランス語訳では“une puissance si grande et si inépuisable”となっている］が存在していて、それが現実に存在するためになにひとつ必要としない何ものかが存在しうるということを認める。［……］神がそのような存在であるとわたしは考えている》(Descartes [2], *Meditationes*, p. 108)。デカルトは、そこでは可能性がもはやたんなる概念ではなく、真実にして固有の力、「現実に存在する力（vis existendi）」をみずからのうちに含んでいる、格別の、あるいはこのうえなく充溢した神的な力能というこの理念に幾度となく立ち戻っている。《それ自体で現実に存在する力（vim per se existendi）をもっているものは、なんらの疑いもなく、わたしがそのもろもろの観念を概念しているすべての完成態、すなわち、わたしが神のうちに存在すると概念しているすべての完成態を現実的に所有する力をももっているのでなければならない》(Ibid., p. 50)。

**5**　力能および「現実に存在する力」としての可能性というデカルトの観念は、何点か差異をともないながらも、スピノザによってもライプニッツによっても受け入れられている。スピノザの『エチカ』はすでにみずからのうちに存在論的議論を含んだ定義とともに始まっている。《自己原因（causa sui）ということでもってわたしが言わんとしているのは、その本質が現実存在を含むもの、あるいはその本性が現実に存在するとしか考えられないものである》。そして第一部の定理七でもこの定義と一貫して《実体の本性には現実に存在することが属する（Ad naturam substantiae pertinet existere）》と言明したうえで、《実体は他のものから産出されることはできない［……］。したがって、それは自己原因であるだろう。すなわち、［……］その本質は必然的に現実存在を含む、あるいはその本性には現実に存在することが属する》との証明が急いでなされている。

この証明にたいしては、それは論理的推論を因果的推論に変容させてしまっているとの異議が提出されてきた。そして真っ先に異議を提出したのはライプニッツ自身だった。しかし、この異議は、スピノザがまさしくデカルトの「自己原因」と「現実に存在する力」から出発していることを理解していないことを意味している。スピノザがデカルトの「自己原因」と「現実に存在する力」から出発していることは、すでにスピノザの最初の著作『デカルトの哲学原理』から明らかである。そこでは、スピノザは自分自身を維持する力が問題にされているデカルトのくだりをコメントしながら、或る註のなかで、やがて彼固有の思想の基本原理となるもの、すなわち《実体が自己を維持する力は実体の本質以外の何ものでもなく、名前の上でだけ異なるにすぎない》ということをすでにはっきりと言明している。その註が参照するよう求めている「付録」には、それゆえ、《神の能力は神の本質と区別されない》とある（『デカルトの哲学原理』付録「形而上学的思想」第二部第三章）。そして神の本質は神がみずからの存在に固執しようとする力、すなわち生命以外の何ものでもないとされている。《わたしたちは物がみずからの存在に固執しようとする力を生命と呼ぶ。そしてこの力は物自身とは異なっているので、物自身が生命をもつという言い方は適当である。しかし、神がみずからの存在に固執しようとする力は神の本質以外の何ものでもない。したがって、神は生命であると主張する者たちは正しい言い方をしているのである》（第二部第六章）。『エチカ』第三部の定理七では、スピノザはこの力を「コーナートゥス（conatus）」と呼ぶだろう。《おのおのの物がみずからの存在に固執しようとして緊張状態（コーナートゥス）にあるのは［この語が一般に広く「努力」と訳されているのは不正確である］その物の本質が現働化した状態にあるということにほかならない》。いずれにしても、『デカルトの哲学原理』の定理七において決定的な要素をなしているのは、まさしく「自己自身を維持する力（vis se ipsum conservandi）」である。こうしてスピノザは存在論的議論を《自己を維持する力をもつ者、その本性は、必然的な現実存在を含んでいる》というかたちで言明することができるのであり、続いては《自己を維持する力をもつ者は［……］現実に存在するのになんら外的な原因を要しない、というのも、その者の本性そのものが、可能的にであれ、必然的にであれ、現実に存在するための十分な原因であるからである》と書くことができるのだった。

存在論的議論が新たに言明されている『エチカ』第一部の定理一一への備考でも、神の現実存在の証明は神がもっている存在しようとする能力ないし力にもとづいている。《実際にも、現実に存在しうることがひとつの能力であるのだから、或る物の本性に属する実在性が大きければ大きいほど、その物はそのぶんだけ多くの現実に存在する力をもつことになる。ひいては、絶対的に無限な存在、もしくは神は、絶対的に無限な現実に存在する能力をみずから有することになり、それゆえ、絶対的に現実に存在することになる》。

このために、スピノザは能力を様態論的カテゴリーとしてのたんなる可能性から分離しなければならなくなる。能力はそれぞれの物の本質が現働化した状態およびみずからの存在に固執しようとするコーナートゥスと一致するのにたいして、彼が偶然的なものとも呼ぶたんなる可能性はわたしたちの認識の欠陥をしか表現しない。《その本質が矛盾を含むことをわたしたちが知らないような物、あるいはその物がなんらの矛盾も含まないことをわたしたちがよく知っていてもその原因の秩序がわたしたちにわからないためにその物の本質について何ごとも確実に主張しえないような物、そうした物をわたしたちは必然的なものとも不可能なものとも呼ぶことができない。それゆえ、そうした物をわたしたちは偶然的なものとか可能なものと呼ぶのである》（『エチカ』第一部定理三三備考一）。

スピノザの存在論的議論において問題になっているのは、様態論的カテゴリーとしての可能性ではなく、或るひとつの能力もしくは現働化した状態にある力なのであって、本来の意味では可能態から現実態への移行は存在しえない。なぜなら、能力はすでに現実のものとなっており、現実化される必要はないからである。この決定的な点についての自覚が存在の二つの次元のあいだの移行を探求することにこだわっている哲学者たちには欠如していることこそが、論理的＝様態論的次元から存在論的能力への、そしてまたその逆への、たえざる横滑りを産み出しているのであり、原著者たちの議論をも彼らの解釈者たちの議論をもかくもしばしば矛盾したものにしているのである。

**6**

デカルトの議論にたいするライプニッツの批判は立証についての論理的＝様態論的考え方の内部にとどまっている。ここでもまた、だれもがけっして完璧には成功することなく探求してきた「可能態から現実態への驚くべき移行（admirabilis transitus de potentia ad actum）」を見いだすことが問題となっている。実際にもライプニッツはデカルトとスピノザによってかくも力強く想起されていた「現実に存在する力（vis existendi）」を無視して、彼らの議論は神が可能であるとの前提に立った場合にのみ機能しうるのであるから虚偽であると考えている。《彼らの議論からは、神が可能であると想定される場合にのみ、神は必然的に現実に存在するということ（quod deus necessario existat, si modo possibilis esse ponatur）が出てくることをわたしは発見しました》と彼はヘルマン・コンリング〔一六〇六―一六八一。医学・政治学・法学の分野で顕著な貢献をしたことで知られるドイツの大学教授〕に書き送っている。そしてデカルトは《詭弁を弄して、この神の現実存在の可能性を立証するか、それとも、立証の義務から解放されることを》こころみてきたが不成功に終わったと付け加えている（Leibniz [1], I, p. 188）。

ライプニッツはデカルトの議論に二つの相異なる訂正を提案する。最初の訂正は、ハーグで出逢ったときに《スピノザ氏に（Domini Spinosae）》示したことがあったと述べているもので、すべての完成態は両立しうること、すなわち、同一の主体のなかで存在しうることを立証することにある。《ひいては、すべての完成態からなるひとつの主体、すなわち〈最も完全な存在者〉が存立しうる。したがって、現実存在はもろもろの完成態の数に含まれていることからして、この〈最も完全な存在者〉が現実に存在することは明らかである》。

これにたいして、一七〇一年の文書『ラミー師のデカルト的な神の存在証明について』では、立証を《もし必然的存在が可能なら、そのときにはそれは現実に存在する》というように定式化しなおされている〔フランソワ・ラミー（一六三六－一七一一）はフランスの神学者。ベネディクト会のサンモール修道会のメンバーとして、修道院でデカルトの哲学原理について最初に講じたことで知られる〕。議論の要点は必然的存在とその本質そのものによって現実に存在する存在とは同一のものであるという事実にある。それ自体で存在する存在が可能であることを否定するのは、あらゆる可能性を否定することを意味する。《なぜなら、もしそれ自体で存在する存在が不可能であるなら、他のものによるもろもろの存在もすべて不可能であるからであり、ついではそれらも結局それ自体で存在する存在によってしか可能ではないからであり、ひいてはまったく現実に存在することができないからである。この推論は、先の命題と等しい、そして先の命題と結びついたなら証明を達成する、もうひとつの重要な様態論的命題へとわたしたちを導いていく。それはつぎのように言明することができるだろう。もし必然的な存在が存在しないなら、可能的な存在も存在しない、と。この証明がこれほど遠くまで遂行されたことはこれまでなかったようにおもわれる》(Leibniz [1], IV, pp. 405–406)。

ライプニッツが「自己原因」にもとづいた議論に訴えながらも、「現実に存在する力」としての能力という、デカルトにおいてもスピノザにおいてもあんなにもありありと立ち現われていたモティーフのことを想起していないのは、奇妙である。ライプニッツの哲学的天才の最も独創的な寄与のひとつがまさしく可能性の新しい理論であり、そのなかで彼は、指摘されたことがあったように（Lovejoy, p. 18）、存在論的議論の論理をあらゆる本質にまで拡大しているようにみえるだけに、なおさら奇妙である。それはその決定的な定式化を《あらゆる可能的なものは現実に存在することを要請する（omne possibile exigit existere）》という定理のうちにもっている。可能性はたんに論理的なカテゴリーであることをやめ、現実に存在することへの要請もしくは傾向を構制上その内部に含んでいる。《本質の本性そのもののなかに現実に存在することへの傾向が存在していなかったとしたなら、なにひとつ現実に存在しなかっただろう（nisi in ipsa essentiae natura quaedam ad existendum inclinatio esset, nihil existeret）》と「もろもろの第一真理について（De veritatibus primis）」〔一六八六年〕にはある。このために彼はスコラ哲学者たちの考える《現実態に移行させせられるための外部からの刺激を必要としているたんなる可能態もしくは能力》と、さまたげるものがないかぎり、自分で現実態へと移っていく、そして《それを持ちあげたままに維持している太い綱を張りつめた宙づりになった物体もしくは張りつめた弓に譬えうる《活動的な力》としての可能態もしくは能力とを区別するのである（Leibniz [1], IV, p. 472〔「実体の本性、実体相互の交通、ならびに精神と物体の結合を説明するための新説」の最初の草稿〕）。別のテクストでは、あらゆる可能的なもののもつ現実に存在することへのこの性向を表現するために、彼は動詞「エクシステレ（existere）」の無限未来形から「エクシストゥーリエンティア（existurientia）」という語を造り出している。何ものかが現実に存在する根拠は《現実に存在する根拠が現実に存在しない根拠よりも優勢であること、あるいはもしそのことを一言で表現することができるとするなら、エクシストゥーリエンティア・エッセンティアエ（existurientia essentiae）、本質の現実に存在しようとする緊張にあるのであって［……］、ここからあらゆる可能的なものはそれ自体で現実に存在することへと向かうということが出てくるのである》（Leibniz [2], *De ratione*, p. 1634）と彼は書いている。この現実に存在することに向かっての要請もしくは緊張は、たんに権利上のものではなくて、なにか客観的に存在するものである。《本質のエクシストゥーリエンティアについては、物自体のほうに（a parte rei）現実に存在することの根がなくてはならない。さもないと、本質のなかには魂の像（animi figmentum）以外には存在しないことになってしまうだろう。そして無からは何も産み出されえないのだから、永続的で必然的な無以外には存在しなくなるという次第になりかねないだろう》（Ibid., p. 1635）。

可能的なものと現実的なものとの分裂を埋め合わせるためには、可能性はそれ自体がたんなる裸の可能態もしくは能力（その実状は不活性であって、みずからの力だけでは現実態へと翻訳されえない）とみずからの現実化に向けて——まさに矢を放とうとしている弓のように——すでにたえず緊張している力とに区別されなければならない。存在論的議論はその結果、たとえこのことが当の論者たちの意識からは逃れ去っているようにみえるとしても、ア・プリオーリな論理的演繹から、可能態のうちには「現実に存在する力」、現実態への傾向が働いているという考えへと進展していく。だが、このようにして、可能的なものから現実的なものへの移行の問題はさらに込みいったものとなる。

存在論的議論において哲学は哲学自体が産み出してきた思考本来の第一義的な対象である「物」の本質と現実存在、可能性と現実性への分裂を再構成しようと努めているとわたしたちが言ってきたのはどのような意味においてであったのかがいまや明らかである。「可能態から現実態への驚くべき移行（transitus mirabilis de potentia ad actum）」という執拗に追求されてきた考えにおけるほど、このこころみがはらむ矛盾を示している場所はどこにもない。実をいうと、移行はどこにも存在しない。というのも、可能的なものはそれ自体が現実的なものであって、すでにみずからのうちにそれを現実に存在させる力を含んでいるからである。それにもかかわらず、「現実に存在する力」を実体の内部において作用する「コーナートゥス」に変容させているスピノザを唯一の例外として、哲学者たちはこの形而上学の大洋のなかでの不可能な北西航路を探し求めつづけている。しかし、思考と言語活動にかんすることがらの分裂は哲学が当の分裂そのものを問いに付すことなしに解決できるようなものではないのである。

7　近代思想では、物および可能的なものと現実的なものというその二つの二律背反的な実在の問題がとりわけ明瞭に出現するのは、カントにおいてである。このために彼は実在性の概念を用語面でも分離して、たんに可能的なものの「レアリテート（Realität）」を現実に存在するものを指す「ヴィルクリヒカイト（Wirklichkeit）」から区別しなければならなくなるだけでなく、プラトン的イデアの古い名称（「ト・プラグマ・アウト（to pragma auto）」＝「物そのもの」）を批判的にではあるが反響させて、形而上学の最も問題的なテーマをも「ディング・アン・ジッヒ（Ding an sich）」＝「物自体」と呼ばざるをえなくなるだろう。

したがって、カントが存在論的議論と、すなわち、実在性の分裂がその合成を見いだしていた場所と格闘する必要を感じているとしても、それは偶然ではない。存在論的議論にたいする彼の論駁のなかで、物とその実在性との両義性はすでに論証の核を構成する《存在は明らかになんらかの実質的な述語でもない（Sein ist offenbar kein reales Prädikat）》という定理のうちに示されている。そこでは、“reales”は「現実に存在する」ということを意味してはいなくて、後期スコラ哲学の論理に従って、可能的なものとしての物ないし本質の主張に関係している。存在論的議論にたいする最初の論駁、一七六三年の著作『神の現実存在の証明のための唯一可能な論拠』では、その定理は《現実存在（Dasein）はなんらかの物の（von irgend einem Dinge）述語でも規定でもない》（Kant [3], I, p. 630）というかたちをとっているのだが、そこでは両義性は「物」という語のうちにある。その語は可能的なものをも現実に存在するものをも意味しうるのである。

一七六三年の著作におけるカントの論証を追ってみるなら、それが或る物のもろもろの述語の集合からの現実存在の純然とした分離に依拠していることがわかる。《もしわたしが「神は全能である」と言うとしたなら、ここでは神と全能とのあいだの論理的関係が考えられているにすぎない。というのも、後者は前者のひとつの属性であるからである。ここではそれ以外のことはなんら定立されていない。神は存在するのか、神は絶対的な仕方で定立されているのか、それとも現実に存在するのか、このことはここにはまったく含まれていない》(Ibid., p. 633)。逆に、神が可能な世界にたいして「在れ(fiat)」という言葉を発するときにも、《神はその知性の中で概念された全体にたいしてなんらかの新しい規定を分かち与えるのではなく、またなにひとつ新しい述語を付け加える(setzt [……] hinzu)のでもない。そうではなくて、神は[……]物の系列を[……]定立する(setzt)のである。[……]それぞれの述語の主語にたいする関係は、なにか現実に存在するものをけっして指示しない。主語はすでに現実に存在するものとして前提されていなければならないのである》(Ibid.)。

こうしてカントは《現実存在のうちにはたんなる可能性のうちにあるより以上のものがあるか》という問いにたいして、《何が定立されているのか(Was da gesetzt sei)》と《それがどのように定立されているのか(wie es gesetzt sei)》を区別する必要があると答えることができるのだった(これは古典的スコラ哲学の「クイディタース(quidditas)」=「或る物が何であるかということ」と「クオディタース(quodditas)」=「その物が現実に存在するという事実」の区別である)。彼は、かくも事細かな描写法でもって(in einer so subtilen Vorstellung)論証したうえで、こう結論することができるのである。《或る〈現実に存在するもの〉のうちには（in einem Existierendes）たんに可能的なもののうちにある以上のものはなにひとつ定立されない。［……］ただ、なにか〈現実に存在するもの〉をつうじて（durch etwas Existierendes）、たんに可能的なものをつうじてより以上のものが定立される。というのも、このことは事柄そのものの絶対的な定立に（auf absolute Position der Sache selbst）関わるからである》（Ibid., pp. 634-635）と。

このためにカントは現実存在についてのヴォルフの定義を《未限定（unbestimmt）である》として批判する。ヴォルフの定義によると、何ものかが現実に存在するためには、可能的なものがその実現（Erfüllung）、すなわち、わたしたちが現実性（Wirklichkeit）と呼ぶものを受けとるさいにその通路となる、なにかそれ以上のものが可能性に付加されなければならないとのことである。だが、現実存在は可能的なものの補完ないし実現ではないのであって、そもそも可能的なものとはまったく異質なのである。同じ意味において、「どこか（irgendwo）」と「いつか（irgendwan）」が現実存在の《見まがいようのない規定》であるというクルージウスの主張も、これらはたんに可能的な物にも属していることを示すことによって斥けられる。《永遠のユダヤ人アハシュエロスは彼が彷徨うすべての場所および彼が生き延びるすべての時代において、疑いもなく、たんに可能であるというにすぎない人間なのである》（Ibid., p. 636）。現実存在は、カントによって、もろもろの空間的および時間的な規定ですらそれには構制的な仕方では属していないほどまでに、もろもろのたんなる述語とは異質のあり方のもとで考えられているのだった。

可能的なものから現実に存在するものへなんらの通路も存在しないとするなら、それでもカントはここで両者のあいだにそれがなくなってはは存在論的装置が機能しなくなってしまうようなひとつの論理的な関係を維持している。《もしいっさいの現実存在が廃棄されるなら、どんなものも与えられておらず、なにか思考しうるもののためのなんらの素材ももはや存在しないとしたなら、そのときにはあらゆる可能性は消滅する》(Ibid., p. 638)。実際にも、あらゆる現実存在が否定されるということにはなんらの矛盾もないが、《或る可能性が存在するが、しかしまた、なんらの現実的なもの (Wirkliches) も存在しないと主張すること、このことは矛盾している。というのも、もしなにも現実に存在していないなら、そのときには思考されうるものがなにも与えられていないからであり、それにもかかわらず、もし何ものかが可能であると言うとしたなら、自己矛盾を来たすことになるからである》(Ibid.)。

א　現実存在が実質的な述語ではないということは、現実存在は本質と或る物が別の物と区別されるように区別されるのではなくて、本質の究極的なレアーリタース以外のものではないというスコトゥスのテーゼのうちに、すでになんらかの仕方で含まれていた。ガッサンディも、デカルトへの異議のなかで、現実存在が或る物に固有の特性もしくは述語として考えられうるということを否定しているようにみえる。《神においても、またいかなる他のものにおいても、存在は完全性ではなく、それなしにはもろもろの完全性が成り立たなくなるところのものなのです》。同じテーゼはピエール・デ・メゾー〔一六六六ごろ－一七四五。ロンドンに亡命したフランスのユグノー教徒。『学芸共和国新聞』の主要な寄稿者の一人でピエール・ベールの英訳者として知られる〕によってさらにラディカルなかたちで表明されている。《わたしは現実存在が完全性であるということをはっきり否定するだろう。実際にも、それが或る物の本性に何ものかを付け加えるということはわたしを納得させない。或る存在が現実に存在していても存在していなくても、その本質がこのためにより完全なものになったりならなかったりするようにはわたしにはおもえない》（『学芸共和国新聞』一七〇一年十一月号）。デカルトは、ガッサンディへの答弁のなかで、反対に現実存在は或る物に固有の特性であると確信しているようである。《あなたが現実存在というものをどのような種類の物に属するものであってほしいとおもっておられるのか、またなぜ現実存在もまた特性と言われることができないのか、わたしにはわかりません》（Descartes [1], *Quintae responsiones*, VII, p. 382）。哲学者たちは、ここでは、現実存在を物の特性と考えるか考えないかによって分裂しているようにみえる。

**8**　カントは『純粋理性批判』のなかでふたたび存在論的議論との対決に立ち戻り、新たな、より明確な論駁を提供している。言語活動と思考との関係の問題はそのものとしては主題化されておらず、ひいてはインド＝ヨーロッパ諸語に特殊な性格を定義できないでいるけれども、《小詞「ある」（das Wörtchen: ist)》の二つの意味内容、或る概念がもうひとつの概念との関係に置かれるさいの述語（文法学者たちのいう繫辞）を意味するものと或る物の現実存在を意味するものとの明確な区別には立ち止まって考察がなされている。《「神は全能である」という命題は、神と全能というそれぞれの対象をもつ二つの概念を含んでいる。小詞「ある」はそれにさらに付け加わる述語ではなく、たんに主語と関係させつつ述語を定立するものにすぎない。わたしが主語（神）をその述語のいっさい（そこには全能も属している）とともに受けとって、「神は存在する」あるいは「神というものがある」（Gott ist oder es ist ein Gott）と言うとしよう。その場合、わたしは神という概念になんらかの新しい述語を付け加えているのではなく、ただ主語自体をそれが有するすべての述語とともに定立しているにすぎない。すなわち、対象をわたしの概念への関係において定立しているにすぎないのである。両者はまったく同じ内容をもっていなければならず、ひいては、たんに可能性を表現するにすぎない概念になにひとつ付け加わることはありえない。わたしはその主語を端的に与えられた（schlechthin gegeben）ものとして（「神は存在する」という表現をつうじて）思考することからしてである。こうして現実的なものはたんに可能的なもの以上の何ものも含んでいないことになる》（Kant [2], II, p. 533）。

ここでカントはヘーゲル、フォイエルバッハ、マルクスの皮肉をこめた批判を招くことになる悪名高い百ターレルの例を導き入れる。《現実の百ターレルは可能な百ターレル以上のものをほんのわずかであれ含んでいない。可能な百ターレルは概念を、これにたいして現実の百ターレルは対象と対象の定立そのものを指しているのだから、後者が前者よりも多くを含んでいるとしたなら、わたしの概念は対象をその全体において表現していないことになり、したがって対象についての適切な概念ではないことになるだろう。しかし、わたしの資産状態にあっては、現実の百ターレルにおいてのほうが百ターレルのたんなる概念においてよりも（すなわち百ターレルの可能性においてよりも）多くのものが存在する。なぜなら、対象は、その現実においては、たんにわたしの概念のうちに分析的に含まれているのではなく、わたしの概念に総合的に付け加わる（kommt [……] hinzu）ものだからである。もっとも、わたしの概念の外部にあるこの存在によって、だからといってこれらの考えられた百ターレルそのものはほんの少しでも増やされるわけではない。したがって、わたしが或る物をどのような述語によって、あるいはどれほど多くの述語によって思考しようと（十全な規定において思考する場合であってさえ）、わたしがさらに「この物は存在する」と付け加えたところで、なにひとつこの物に付け加わる（kommt [……] hinzu）ことはない。［……］或る対象についてのわたしたちの概念が、何を、またどれだけ多くのものを含んでいようとも、この対象に現実存在を賦与するためには、わたしたちはその概念から外へ出て（aus ihm herausgeben）いかなければならないのである》（Ibid., p. 534）。

**9**　カントの操作がどれほど特別のものであるかを考えてみるとよい。彼は或る「物」（神または百ターレル――しかしそれらの例はたしかに偶然に選択されてはいない）を取りあげ、その実在性を可能性（「神は全能である」という分析的な述語的主張に対応する）と現実存在（「神は存在する」という総合的なテーゼに対応する）とに切り離す。この意味では、彼は「ある」という動詞の二重の構造を無意識のうちに思考に持ちこんで、それらが根本的に異質なものであることを主張しようとしていると言うことができるのかもしれない。述語的な意味と現実存在的な意味、可能な百ターレルと現実の百ターレルのあいだにはなんらの通路も存在しない。彼のテーゼはエミール・バンヴェニストのような近代の言語学者のテーゼと完全に合致する。バンヴェニストも指摘している。《「現実に存在する」という動詞概念と繫辞としての機能とのあいだには、なんらの本質的な連関も必然的な連関も存在しない》と。また二つの語のあいだの述語的な関係を表現するために「ある」という動詞が創出されたことは、ヘブライ語やアラビア語のような多くの言語にはそれが欠如していることが立証しているとおり、《言語が担うべく定められた運命のなかには書きこまれていなかった》と（Benveniste, p. 225)。

実をいうと、「ある」という動詞の二つの意味が区別されると同時に入り混じっているという事態は、西洋の存在論およびそれを定義している本質と現実存在、可能性と現実性の分裂の土台に存在している。「レース（res)」そのもの、物そのものが、それをその「何であるか」（quid est, quidditas, あるいは存在論の伝統における本質）のなかで考察されるか、それとも、その純粋の現実存在（quod est, あるいはその物が存在するという事実）のなかで考察されるかに応じて分離される。このためにカントは言うことができるのだった。二つの現実性は、本質ないし可能性によって考察された場合には同一の述語的内容をもつが、現実存在にかんしては絶対的に異質である――すなわち、現実存在に到達するためには可能性およびたんなる概念から外へ出かけていかなければならないと。

それでもなお可能性と現実性の関係がカントにおいて問題でありつづけていることは、様態のカテゴリーを定義しようとするさい、細心の注意を払って両者の差異を強調しようと努めていることから明らかである。実際にも、現実性も可能性も、カントによると、《つぎの特性、すなわち、対象のもろもろの限定詞が述語として結びついているが、認識能力との関係だけを表現しているにすぎない概念をほんの少しでも増やすことはないという特性をもつ》というカテゴリー部類に属している（Kant [2], II, p. 248）。両者のあいだの唯一の差異は、或る対象は経験の形式的条件と合致する（übereinkommt）ときには可能的と言われ、経験の物質的条件と、すなわち知覚と結合する（zusammenhängt）ときには現実的（wirklich）と言われるということである。すなわち、いずれの場合にも、問題になっているのは、認識能力との一定の関係であって、物に固有の特性ではないのである。

カントが取り組んでいる可能性と現実性はつねにもっぱら主観にとっての可能な経験に関わるものであって、けっして物そのものを規定したものではない。このためにカントは用語の詮索を倍加させて、様態のカテゴリーは主観的な意味においてのみ、《或る（実在的（reale）な）物——その物についてはそれらの様態のカテゴリーはなにひとつ述べていないのだが——の概念に、そのなかでその概念が生起し定住している認識能力を付け加える》かぎりで総合的である、と書くことができるのである（Ibid., p. 262）。カントがここで付け加える必要があると感じている註記は、同じく事細かに《或る物の現実性（Wirklichkeit）をつうじて（durch）、わたしはたしかに可能性以上のものを定立するが、それはその物のうちに（in dem Dinge）ではない。というのも、物は完全な可能性のうちに含まれていたもの以上の何ものも現実性のうちに含むことはできないからである。しかし、可能性が物を知性（その経験的な使用における）との関連において定立したものであったにすぎなかったのにたいして、現実性は同時に物を知覚と結びつけるものでもある》とことわっている。

用語面での細心の注意にもかかわらず、西洋思想を支配している「レース」＝「物」の根本的な分裂は撤廃させられることができないばかりか、その分裂を埋め合わせなおすあらゆる可能性が失われていく。実際にも、様態のカテゴリーとしてもろもろの対象を認識能力との連関のうちに置くにとどまっていて、《物についてなにひとつ言わない》可能的なものと現実的なものへの分裂は、そのなかでは物をわたしたちの認識能力の彼方に移転させるという条件のもとでのみ物について語ることができるような、もうひとつのさらに決定的な分割をもたらす。カントが『純粋理性批判』第二版への「序文」で留保なく主張しているように、わたしたちの認識は《ただもろもろの外に現われたことども（Erscheinungen）［「現象」という現在一般に広くおこなわれている翻訳は不十分である］に到達するにすぎず、物自体はそれとして現実的（wirklich）ではあるが、わたしたちには認識されないままになっている》のである（Ibid., p. 27）。この意味でカントは、物自体は可能な経験にひとつの制約を課すと言うことができるのだった。真の現実性は、真の可能性と同様、認識しえないもののうちに、すなわち、外に現われているものの彼方に存在している。《わたしたちはもろもろの対象を認識できないにせよ、それでも少なくとも物自体（Dinge an sich）として思考しなければならない。さもないと、なにか外に現われる（erscheint）ものがないにもかかわらず外に現れるもの（Erscheinung）が存在するというつじつまの合わない命題（der ungereimte Satz）がそこから帰結することになるだろうからである》（Ibid., pp. 30–31）。こうして物は経験の対象としての物（Ding）とそれについての経験が存在しない物自体（Ding an sich）とに分裂する。その真実における「レース」は不可能なもののなかへと滑り落ちていく。それは純粋のヌーメノン、超越論的客体＝xなのだ。

**10**

西洋哲学の歴史において、カントは思考からの物の分裂が修復不可能であることが露顕する瞬間を代表している。すなわち、存在論的議論についてのカントの批判および彼の様態理論において問題となっているのは、わたしたちが西洋の存在論的マシーンと呼んできたものの土台をなしているということで哲学がたえず追求してきた例の可能的なものから現実的なものへの「驚嘆すべき移行」が最終的な危機を迎えるにいたったという事態なのである。カントは「現実に存在する力」の可能性を空無化し、このようにしてその力からあらゆる現実性を奪い去ってしまう。形而上学はいまや不可能である。或るひとつの特別なかたちにおいて以外には、すなわち、空虚な空間もしくは避けがたい幻想として以外には。可能性と現実性とはいずれも様態に属するカテゴリーであって、或る対象とわたしたちの認識能力との関係をしか表現しておらず、現実的なものとしての対象についてはなにひとつ語らない。またその一方で、本質と可能性のうちにはなんらの「現実に存在する力」も存在しえない。現実存在は現実的な述語ではなく、本質や可能性とは根源的に質を異にしているからである。エティエンヌ・ジルソンが書いたことがあるように、カントにおいては《現実的なものと可能的なものという二つの秩序は通約不可能なのである》（Gilson, p. 10）。

一方における哲学的伝統と他方における文法的省察とは、この分裂を解決済みのものとみなすようわたしたちを慣らしてきた。このため、それが存在論が当初からその特殊的な能力を根拠づけてきたさいの土台をなしていた装置のアポリア的な核心を構成していることにわたしたちは気づかないでいる。本質と現実存在、可能態と現実態、可能性と現実性は、西洋の存在論的マシーンの二つの顔もしくは二つの部分なのだ。実際にも、存在論は現実および歴史と関係をもたない難解な理論的構築物ではない。そうではなくて、それは逆に、もろもろの重大な結果を孕んだ画期的な決定がなされる場なのである。実在が(人間に関わる「もの」が)本質と現実存在、可能態(デュナミス)と現実態(エネルゲイア)に分裂することなしには、西洋の歴史的能力の特徴をなしている科学的認識も人々の行動を持続的に管理し指導する力能もありえなかっただろう。直接無媒介に現実に存在するものにわたしたちの注意をもっぱら集中する(動物たちがおこなっているらしくみえるように)のを中断して、そのものの本質(「何ものなのか」)について思考し定義することができなかったとしたなら、西洋の科学と技術はたしかにそれらを特徴づけている発展を知ることはなかっただろう。また可能性の次元が跡形もなく消え失せてしまったなら、もろもろの計画もプロジェクトも可能ではなく、人々の行動は指導されることも管理されることもできなかっただろう。西洋の他に比肩するもののない力は存在論的マシーンのうちにその基本的な前提のひとつを有しているのである。

しかしまた、存在論的マシーンの威信の基礎をなしている分裂は、安穏というにはほど遠い。マシーンが機能しうるためには、それが切り離してきた二つの部分が新たに接合されて、まさしく両者の調和のとれた抗争もしくは不一致の共鳴が秘密の原動力を構成するようにならなければならない。もし可能性と現実性、本質と現実存在が絶対的に切り離され、互いに交信できないものになっていたなら、認識と行動とはそれらの対象を見失い、思考と事物、言語活動と世界は互いに関係をもちえないままになってしまっていただろう。このことは、本質と現実存在のあいだの航路、そしてまた可能性と現実性のあいだの航路は西洋の形而上学にとって決定的な問題を構成していて、その途上でそれは何度となく難破することにならざるをえないということを意味している。が、同時に、形而上学からの脱出は物の分裂とそれが含意している現実化のパラダイムの批判を遂行することなしには不可能であるということをも意味している。

ℵ　量子力学では、実在のたんに統計的な計測からだけでも、実在がそれ自体として決定論的には認識されえず、つねに実験のなかで現実化されなければならないということを含意していることが明らかになる。実在それ自体はそのようなものとしては生起しない。それは或る蓋然性が《現実化したもの》でしかなく、この現実化は研究者の介入をつうじてのみ生じうる。ハイゼンベルクの不確定性原理が真に意味しているのは、認識に制限を設けようということではなく、実験者の介入を避けがたいものとして正当化すべきであるということなのだ。エットレ・マヨラナ〔一九〇六―没年不詳。ニュートリノの研究をおこなったイタリアの理論物理学者）の言葉を借りるなら、《したがって、いかなる測定の結果も、攪乱が引き起こされる前に存在していた不可知の状態よりも、むしろ実験自体の過程でその体系が連れていかれる状態に関係しているようにみえる》のである（Majorana, p. 76）。そのときには、なぜシモーヌ・ヴェイユが量子力学とともに西洋はそれと気づかないままに《科学、あるいは少なくともわたしたちが四世紀前からこの名によって定義してきたもの》を失ってしまったと主張することができたのかがわかる（Weil, p. 121）。失われたものは、実のところ、可能性と現実性についての正確なとらえ方なのである。神学者たちにとっては、神の現実存在はそれ自体としては経験されえないが、存在論的議論のなかではそれを可能的なものから現実的なものへ移転させることによって《現実化》されるようになるのと同じく、量子力学においても、実在はそれ自体としてはアクセスできないが、研究者はそのつど実験をつうじてその蓋然性を《現実化》するのである。

**11**　わたしたちは哲学の歴史における「レース（res）」の分裂の系譜を概略的にたどる過程で、何度となく、言語活動の問題に出遭ってきた。この問題はカントにいたるまでの中世と近代の哲学者たちのなかで頻繁に姿を見せているものの、けっして明確には主題化されてこなかった。少なくともそのようにみえる。このことはなによりもまずもっては古典諸語における「ある」という動詞の二重の意味――繋辞を指す文法的意味と現実に存在するものを指す辞書的意味――の場合に当てはまる。「ある」という動詞のもつこの二重の意味はなんらの内的な必然性にも対応していないことをバンヴェニストは明らかにした。そしてこのことは中世の神学者たちもなんらかの仕方で自覚していたように見受けられる。バンヴェニスト自身、或る有名な論文〔「être と avoir の言語機能」〕のなかで、哲学的省察をかくも強く規定してきたアリストテレスのカテゴリーそのものも実際にはあくまでギリシア語の構造に即したカテゴリーに対応するものであることを証明している（Benveniste, pp. 79–91）。アリストテレスが練りあげて思考の一般的かつ恒常的な諸条件の枠組みとして後世に伝達してきた十個のカテゴリーからなる表は、或る特定の言語的状態を概念的に投射したものでしかないのである。とりわけ、第一のカテゴリー、「ウーシア（ousia）」もしくは実体は、言語学上の名詞の部類に対応している（この点はすでに古代の文法家たちも気づいていて、名詞をまさしくアリストテレスのいう実体と関連させながら「実詞」――nomen substantivum――と定義している）。こうして本質と現実存在の区別は、これについてはバンヴェニストは言及していないが、ギリシア語とラテン語における「ある」という動詞の二つの意味以外に、個体を指示する名詞（アリストテレス自身、固有名もしくは「或る人」とか「或る馬」として例示している最初のウーシアたち）と一般的カテゴリーとしての名詞（動物、人間）との辞書的区分にも対応していたかもしれないのだった。

本質と現実存在、可能性と現実性の区別には、わたしたちに馴染みの諸言語についての、バンヴェニストが彼の最後の研究のなかで力説していたもうひとつの構造的分割も影響を及ぼしてきたのかもしれない。名詞の次元（辞書的なもの）と言論の次元のあいだの分割（バンヴェニストの使っている術語を借りるなら、記号論的なもの――記号の体系としての言語――と意味論的なもの――現におこなわれつつある言論としての言語活動――のあいだの相違）がそれである。この相違については、ギリシアの哲学者たちは、少なくともヘラクレイトス（断片一）とアンティステネスから始まって、完全に意識していた。プラトンは『テアイテトス』（二〇一A－二〇二B）ではっきりと言明している。《最初の基本的な諸要素はおのおのがそれ自体としてそれ自体にとどまるかぎり、ただその名前を呼びうるのみであって［……］それらのうちのいかなるものも言論をもって語られることは不可能なのである。なぜなら、それらはただ名指すことだけしかできず、それ以外のものを付け加えることは不可能だからである。［……］実際にも、それらのひとつを言論でもって語ることは不可能である。なぜなら、それらはただ名指しされうるだけであって、名前以外のものをもっていないからである（onoma gar monon echein）》。そして『プロタゴラス』（三四九B）で《これらの名前のひとつひとつにはそれぞれ独自の現実に存在するもの（ウーシア）が対応すると想定されている》と付け加えている（ウィトゲンシュタインの『論理哲学論考』の命題三・二二一《もろもろの対象をわたしは名指すことができるだけである。［……］わたしはただそれらについて語ることができるだけで、それらが何であるかを言明することはできない》は、よく見てみると、なんら別のことを言ってはいないことがわかる）。

本質（可能態）と現実存在（現実態）の区別は、名前と言論、記号の体系としての言語と現におこなわれつつある言論としての言語活動の区別に完全に対応する。そしてこの意味では、それは言語のうちに内包されている構造を分節化して表現したものでしかないと言うことができるかもしれず、ひいては、思考の進行具合は実際には——バンヴェニストが示唆しているように——それが使用する言語によって無意識のうちに規定されているのではないかと問うことができるのかもしれない。しかしまた、言語のカテゴリーが思考のカテゴリーに及ぼしている影響について省察するたびに、影響はきわめて多くの場合、相互的であることを忘れないようにする必要がある。実際にも、言語の構造はその歴史的展開の或る特定の時点においては自然的な所与ではなく、それ自体が少なくとも部分的には哲学的および文法的な省察に規定されている。言語を語る者たちが語るときに何をおこなっているのかを彼らが自覚するようになる過程によって規定されている。すなわち、或る言語を使っているという自覚は、その言語の文法的自己同一性《アイデンティティ》の創造へと導いていった分析と構築の忍耐強い仕事から切り離せないのである。こうしてバンヴェニストは、ギリシア語では「ある」という動詞の繫辞的意味がもともとは欠如していて、二つの言葉を動詞を欠いた連辞に結合する名詞文（「アリストン・イードール（ariston ydor）」——これをわたしたちは今日「最良のものは水である」と訳している）によって代替されていたことを示したのだった。おそらくは言語にかんする哲学的および文法的省察こそが名詞文を「ある」という動詞を暗々裡に含んだ文と考えるよう導いていったのであり、こうしてその名詞文がしだいに衰退していって、すべての場合においてではないとしても、「〜である」という繫辞をともなった文と置き換えられ、これが通常の表現に転化するという事態をもたらしたのである。そしてたしかにこの過程にとって、他の言論形態にたいするアポファンティック（命題的）な判断（主語—動詞―述語という形態をとった）の、アリストテレス論理学に始まる優位性は疎遠なものではなかったのだった。同じようにして、わたしたちは名前と言論のあいだの区分を言語の根本的構造と考えることに慣れてきているので、何ものかが一個の名前として別個に取り出されるようになったのは（それはインド＝ヨーロッパ諸語では互いに区別された複数の可塑的な形態となって提示されている）或るひとつの長い緩慢な過程の結果であって、その成果を古代人はそれの発見者はプラトンとアリストテレスであったと主張するほど重要なものとみなしてきたということを考慮しなくなっている。近代言語学における記号論的なものと意味論的なもののあいだの相違の体系的な分節化が自然的所与であることはかくもわずかしかないため、言語学の観点からは二つのレヴェルのあいだにはなんらの通路も存在せず、語るためにはわたしたちは名の次元から文の次元へ、可能態における言語《ラング》から現実態における言論《ディスクール》へほんとうに移っていかなければならないとしたなら、言葉《パロール》という審級は不可能になってしまうだろうということを最後には認めることをバンヴェニストは余儀なくされたのだった。

この逆説めいた診断書を作成してほんのわずかしか経っていないときに偉大な言語学者を襲った失語症がどのようにして彼が一からやり直そうとこころみていたかをわたしたちが知ることをさまたげているとするなら、わたしたちがこれまでの頁でその要約的な考古学を追跡してきた本質と現実存在、可能性と現実性の分裂をこの展望のなかに位置づけようとこころみることはたしかに教育上ためになることでありうるだろう。すなわち、それは「語るとは何を意味しているのか、わたしたちが語るとき（思考するとき）、何をしているのか」という問いへの根源的であると同時に問題的でもある答えとみることができるだろう。わたしたちはわたしたちをもろもろの物の純粋の存在に直面させる世界の解釈のレヴェル（名前もしくは現実存在の次元）から、「何が」それらを定義し、それらをしてそれらたらしめているのか（言論もしくは本質の次元）を理解するこころみへと、たえず移っていく。と同時に、逆の方向に、そして同じく中断することなく、この第二の次元から第一の次元へと、支配的なモデルが本質（可能態）であるか現実存在（現実態）であるかに応じて、立ち戻っていく。言語活動がわたしたちに露顕させてきた「物」はつねにすでに分裂している。とともに、その一方で、まさにこの分裂こそがそのなかでわたしたちがたえず出遭う世界を形成しているもろもろの物を認識し支配することをわたしたちに許すのである。

西洋の哲学をかくも長期間にわたって規定してきたこの考え方を問いに付すことは、可能性と現実性のあいだの、そして本質と現実存在のあいだの、およそ起こりそうもない分裂と、これに劣らず起こりそうもない移行をつうじて以外の仕方で、世界の経験と認識を思考しようとこころみてみることを意味するだろう。そしてまた、名前の次元から命題の次元へのおよそ見いだしえない通路として以外の仕方で、言語活動の経験を思考しようとこころみてみることを意味するだろう。いずれの場合にも確かなことは、言語活動の構造はそれだけでは思考の分節化を申し分なく説明しつくすことができないし、思考のほうも自分がそれのなかでみずからを表現している言語活動にたいしてまったく自立した仕方で展開しているとは思い込めないということである。かえって、真の哲学はまさしく思考と言語活動との接近戦、あるいはむしろ不断の「シュンウーシア（synousia 交渉）」のうちにあるのであって、そこでは二人の競争者(もしくは仲間)のうちのどちらも相手が与えたり提出したりする根拠や条件を最終的に解決するにいたったと言い張ることはけっしてできないのである。

ℵ 存在論的問題と言語活動の経験とが結びついていることを哲学者たちも見過ごしてはいなかったことに留意するためには、原典資料をより注意深く考察してみるだけで十分である。プラトンとアリストテレスがそのことを自覚していたという事実は脇に置いておくとしても(プラトンは『クラテュロス』四二二Dで《どのようにして最初の名前が、ほかの名前がなんら前もって提示されていないのに、存在するものどもをわたしたちに明示してみせるのだろうか》と問うており、アリストテレスも《存在は語られる》と繰り返し述べている)、中世の哲学者たちは名前の指示内容と存在論的差異のあいだに連関が存在することを十分明確に認識している。《もろもろの名前のうちには二つのことが観察されなければならない。すなわち、それらの名前がそれによって与えられるところの形相もしくは根拠(forma sive ratio a qua imponitur)とそれらの名前がそれにたいして与えられるところのもの(illud cui imponitur)がそれである。そして後者は一部の者たちによって「シグニフィカートゥム(significatum 所記)」および「スッポシトゥム(suppositum 仮定)」と呼ばれており、文法家たちによって「クアーリタース(qualitas 性質)」および「スブスタンティア(substantia 実体)」と呼ばれている》とアルベルトゥス・マグヌスは書いている(『命題論註解』第一部第二区分第二項解決)。同様に、哲学的分析と文法的分析の関係が明澄に主題化されているテクスト、ペトルス・ヘリアス(十二世紀)の『プリスキアヌス大全』には、《どの名も「それが何であるか(quod est)」と「それがそれによって在るところのもの（id quo est）」を指示している。たとえば、「人間」という名は人間という物（rem quae est homo）と人間がそれによって人間として存在しているところの人類を指示している。というのも、人間は人類から始まって人間になるからである》とある（De Rijk, p. 231）。

# 第三章　可能的なものは現実的なものである

**1**

西洋の存在論的な政治的マシーンが可能性と現実性への存在の分裂にもとづいているというテーゼをいまでは留保なく言明できるのはどのような意味においてであるのかが、ここにいたって明らかではないだろうか。存在のこの分裂はアリストテレスに起源をもっている。彼は『カテゴリー論』で彼が「ウーシア・プローテ（ousia prote）」（「第一の実体」）と呼んでいて固有名または指示詞（「ソクラテス」「この人間」「この馬」）によってのみ明示しうる個物をそれにもとづいてのみ言表される他のすべての存在の形態から区別している。《他のすべてのものどもは第一の実体の基体をなすものにもとづいて（cath'hypokeimenou）［字義どおりには「下に横たわっているものにもとづいて」］言表される、あるいは第一の実体の基体をなすものにもとづいて存在している。［……］たとえば、「動物」は、人間の、ひいてはこの特定の人間の述語である。もしそれがどの個別的な人間の述語でもないとしたなら、それは人間一般の述語でもないだろう。［……］もし第一の実体が存在しなかったとしたなら、なにかそれ以外のものが存在するのも不可能ということになってしまうだろう。実際にも、残りのものはすべてそれらの下に横たわっている基体にもとづいて言表されるか、この基体のうちに存在している》（『カテゴリー論』二a三四―二b六）。第一の実体の第一位性は数行あとでもふたたび打ち出されている。《もろもろの第一の実体（ousiai）は他のすべての実体の下に横たわっていて（hypocheisthai）、他の実体はすべてそれらにもとづいて言表されるかそれらのうちに存在しているので、このため卓越して実体（ousiai）と言われるのである》（二b一五―一七）。それらの実体を《第一の》と定義するにあたって、アリストテレスはそれらのうちに暗々裡に時間的先行性をも導入していることに注意しておくことが重要である。『形而上学』（一〇二八a三〇）で留保なく述べることになるように、第二の実体がそれにもとづいて述定されるところの下に横たわっているものは、論理的にだけでなく時間に従っても（kai logoi kai gnosei kai chronoi）、第二の実体に先行するのである。

西洋哲学の伝統のなかで「ウーシア（ousia）」というギリシア語がラテン語で「スブスタンティア（substantia）」と訳されるようになるのは、第一の「ヒュポケイメノン（hypokeimenon）」としての、あらゆる言語的述定作業の〈下および根底にある（stare-sotto-e-al-fondo）〉述定しえない個としての存在の、この〈基体的な（sub-iettiva）〉規定の第一位性のゆえである。実際にも、新プラトン主義以降、『カテゴリー論』はアリストテレスの著作の集成のなかで特権的な地位を獲得する。そしてそのラテン語訳をつうじて中世文化に決定的な影響力を行使することになる。中世が『カテゴリー論』の所在を知る契機となったラテン語版を著したボエティウスは、より正確な訳語は「エッセンティア（essentia）」だっただろうことに気づいていながらも（「ウーシア（ousia）」は動詞「エイナイ（einai 在る）」の分詞に由来する派生語のひとつである。それゆえ、ボエティウスはエウテュケースとネストリウスに反対する神学書のなかで「ウーシア（ousia）」には「エッセンティア（essentia）」という語を対応させ、「スブスタンティア（substantia）」はギリシア語の「ヒュポスタシス（hypostasis）」の訳語に取っておいている）、「スブスタンティア（substantia）」という語を利用しており、こうして西洋存在論の語彙と理解のあり方を決定的な仕方で方向づけていったのだった。存在は言語的述定作業の観点からのみ、すなわち、アリストテレスの『カテゴリー論』の中心にある、固有名および第一のヒュポケイメノンとしてのウーシアの基体的な規定の第一位性から出発することによってのみ、〈下および根底に横たわるもの〉として立ち現われる。西洋存在論を構成する辞書のいっさい（「スブスタンティア（substantia）」「スブイェクトゥム（subiectum）」「ヒュポスタシス（hypostasis）」「スブシステンティア（subsistentia）」）はこのあらゆる述定作業の根底に横たわるものとしての第一の実体の第一位性の結果もたらされたものである。

しかしまた、『形而上学』のシグマの巻〈第七巻〉では、アリストテレスは〈根底に横たわるもの〉の第一位性を問題に付し、かえってその不十分さを主張して、それを彼が「ト・ティ・エン・エイナイ（to ti en einai）」（「存在であったもの」――中世のラテン語訳では「クオド・クイード・エラト・エッセ（quod quid erat esse）」）と呼ぶ、ウーシアのもうひとつの規定に置き換えようとしているようにみえる。把握する必要があるのは、アリストテレスの思想とそれのなかで問題になっている戦略のこの一見したかぎりでは矛盾とみえるものの意味である。「ヒュポケイメノン」、〈根底に横たわるもの〉としてのウーシアの規定は不十分かつ不分明（adelon）であって、さらには『自然学』において彼がまさしくあらゆる変化の根底にある第一のヒュポケイメノンと定義していた質料（ヒュレー）の規定と混同される危険がある、とアリストテレスは転回の動機を語っている。実際にも、「スブイェクトゥム(sub-iectum)」、あらゆる述定作業の下にあるものは、ただ名指しされ指示されることができるにすぎず、それについて何ものかが言表され述定されるものとしてだけ命題のなかに参入する。この意味でそれは、直接的には目に見えて明らかでありながらも、それ自体としては不分明なものにとどまる。その帰結は――ルードルフ・ベーム（一九二七－二〇一九）が模範的な研究のなかで証明したように――存在と言論の根本的な分裂である。一方には、それについていっさいが言表され述定されるが、それ自体は言表することも述定することもできないままにとどまる、第一の〈根底に横たわるもの〉があり、もう一方には、それについて言表されるかそれのうちに存在するものすべてがあることになるのである。さらにはまた、一方には、いわば本質をともなわない現実存在、何ものかが――「それは何であるか」という問いがなされることがないままに――存在するという純粋の事実（中世の哲学者たちが「クイード・エスト」をともなわない純粋の「クオド・エスト」と言うだろうもの）があり、もう一方には、現実には存在しない本質があることになるのである。《本質と現実存在とは、「ファレン(fallen)」という語の二重の意味において、すなわち、相手との関係を断つという意味と粉々になってしまうという意味において、互いに相手から外にこぼれ落ちてしまう》(Boehm, p. 169)。

アリストテレスが「ティ・エン・エイナイ(ti en einai)」――これは文字どおりには「(特定の存在、

たとえばソクラテスにとって）存在（ソクラテス）であったもの」に該当する――を導入するのは、この分裂を埋め合わせ、現実に存在するものとしての「ある」と述語ないし繋辞としての「ある」の統一性を思考するためである。明らかにされてきたように、決定的なのは、この定式のなかに過去形の動詞、「エン（en）」が導入されていることである。すなわち、たんに「何であるか」ではなく、「何であったか」なのだ。もし第一の〈下にあるもの〉があらゆる言論の基礎にあるものとして前もって想定されていたのだとしたなら、それはその真実の姿においては、過去として、時間をつうじてのみ、把捉することができることになるだろう。個は、第一の実体であるかぎりで、その現実存在を過去のうちに把捉することによってのみ、存在のなかに時間を導入することによってのみ、たんに名指しされるだけでなく、定義されることができるのである。すなわち、ウーシアの新しい定式化に従って、《ソクラテスにとって――特定の〈下にあるもの〉（基体）にとって――ソクラテスであるとは何であったか》を理解しようとこころみることによってである。本質とは、過去において排斥された、そして――このような仕方でのみ――把捉された現実存在にほかならないのだった。

この時間的遡行こそが現実存在を現実態と同一視し、本質を可能態と同一視することへと導いていくのである。アリストテレスは『形而上学』において可能態（デュナミス）と現実態（エネルゲイア）を《存在が言表される二つの様態》と定義し、何度となく、現実態（エネルゲイア）のほうが可能態（デュナミス）より先にあると主張している。彼はまず現実態を《物が現実に存在すること（to yparchein to pragma)》と同一視することから始めている。そして可能態の存在様式を定義することを放棄して、それをひとは類比関係によって把握するだけで満足すべきであると断言する（『形而上学』一〇四八ａ三六）。現実態は可能態にたいして《建築士が建築物にたいして、目覚めている者が眠っている者にたいして、現に見ている者が視力をもってはいるが目を閉ざしている者にたいして、或る材料から形づくられたものがその材料にたいして、仕上げられたものがいまだ仕上げられていないものにたいしてあるような関係に》あるというのだ（一〇四八ｂ一－五）。ほんの少し前には彫像の例を挙げていた。《ヘルメスの像が木材のうちにあるように何ものかが可能態のうちにある》（一〇四八ａ三〇－三三）。このようにして彼は二つのカテゴリーを詐欺めいた仕方で存在論の領域から人間の技術と活動の領域に移し換える。もしわたしたちがヘルメスの像が可能態において木材のうちにあると言うことができるとするなら、それはわたしたちがすでにどこかでヘルメスの木製の彫像を見たことがあったからであって、それゆえ、可能態は現実存在を前もって想定したものでしかない。ところが、論述の過程では、何が人間の技術——たとえば、建築家や竪琴の演奏家に固有の活動——を定義するのかを説明しなければならなくなって、なにか可能態から現実態への通過もしくは移行のようなものを考えたようなのだった。こうして『魂について』（四一七ｂ一〇）では《（思考する者を）可能態にあることから現実態へと導いていく（eis entelecheian agein ek dynamei ontos）》というような表現を用いているのである。もっとも、彼は「移行」とか「通過」といった言葉はけっして使っておらず、たんに「なる」とだけ書いている——《知識を可能態においてもっている者は現実態において知識ある者になる（theoroun ginetai ton echon ten epistemen）》（四一七b五）――ことは断っておく必要がある。

実際にも、『形而上学』のテータの巻〔第九巻〕では、アリストテレスは倦むことなく、エネルゲイアは概念規定（toi logoi）においては可能態よりも先に（proteron）あり、時間（chronoi）においては本質よりも先にあると繰り返し主張している。しかしまたとりわけ注目されるのは、ここにいたって彼が時間的先行性に制限を導入していることである。もし可能態と現実態が種にかんして考察されるなら、現実態が可能態に先行する（人間は別の人間から産み出されるのであり、現実性が可能性に先行する）。しかし、単一の個にかんして考察されるなら、逆に可能態が先行する（種子は個体に先行し、可能的なものは現実的なものに先行する）。まさしくこの循環性が可能性と時間性とが構成的な連関を形成していることを示しているのである。もしアリストテレスがウーシアにかんしておこなったように、存在のなかに時間を導入したなら、そのときには存在は可能態と現実態、可能性と現実性に分裂するだろう。そしてそれらの分割をつうじてのみ、把握されるだろう。可能性と現実性は区別されることになるだろうが、同時に切り離しえないものになるだろう。何ものかが可能であるが、けっして現実に存在するものになることはないと断言するのは真実でないように（一〇四七b三）、同様に、何者かをけっして建築したことがなかったのに建築家と定義したり、けっして竪琴を演奏したことがなかったのに竪琴の演奏家と定義するのは道理に合わないことだろう（一〇四九b三〇－三二）。わたしたちが可能的なものと称しているものは現実的なものを過去に投影したものでしかなく、本質は現実存在を前もって想定したものでしかない。が、いずれの場合にも、分割において問題になっているのは、存在を時間をつうじて把握し、存在の現実性を脱現実化と現実化の過程として受けとめようとするこころみである。現実態および現実存在を理解するためには、わたしたちはそれらを過去における可能性に移転させなければならない。だが、この可能性もしくは可能態はつぎにはなんらかの仕方で新たに現実存在および現実態に翻訳しなければならなくなるだろう。

ℵ　これはベルクソンが《ノーベル賞受賞のさい、ストックホルムで慣例どおりの講演をおこなうことができなかったのを残念におもっていることを証言するために》一九三〇年にスウェーデンで刊行した論考「可能的なものと現実的なもの」で明確に示していることである。彼は《可能的なものは現実的なものよりも少ない、このため、もろもろの事物の可能性はそれらの現実存在に先行するという考え》をなによりもまず問いに付したいと宣言している（Bergson, p. 11）。実際にも、もしわたしたちが生と意識の具体的現実を注意深く考察するなら、可能的なもののうちには現実的なもののうちにあるよりも多くのものやそれに劣らないものがあることに気づく。《というのも、可能的なものは現実的なものでしかなく、さらにそこには可能的なものが産み出されるやいなや、そのイメージを過去に投げいれる精神の或る種の行為が付け加わるからです》（Ibid., p. 12）。ベルクソンは芸術作品のアリストテレスの例（ヘルメスの彫像）を取りあげ直し、それを文学と演劇の領域に移動させる。ハムレットがシェイクスピアの精神のなかで先在していたと考えることは、不可能ではないものという意味での可能性の純粋に否定的な考えを、不当にも、作家の精神のなかに観念が先在していたという考えに移し換えることを意味している。本当に生じていることは、ひとりの天才がひとつの作品を創造しているということなのだ。この時点にいたってはじめて《それは回顧的もしくは遡及的に可能的なものになる》のである。可能的なものの時間的身分は、実際には先立未来である。ひとたび芸術家が作品をつくり出してしまったとき、そのときはじめて、その作品についてそれが可能で「あっただろう」と言わなければならなくなるのである (Ibid., p. 13)。

このようにして現在は何ものかを過去に導き入れていることになるという異議にたいして、ベルクソンはこうして過去に挿入されるものはなにか現実的なものではなくてまさしく可能的なものなのだと答える。《現実的なものが予期できない新しいものとして創造されていくにつれて、そのイメージはそれの背後にある無限定な過去に反映されます。こうしてそれは永遠の昔からつねに可能であったようにみえます。しかし、まさにこの瞬間においてのみ、それは過去にあったものになり始めるのです。その可能性がその現実性に先立っているのではなく、その現実性が出現したときに初めて、それに先立つものになる、と申し上げたのはこのためなのです。可能的なものとは、ですから、過去に映し出された現在の幻影なのです。[……] 可能的なものは現実的なものを前提とはしないと主張することによって、現実化はたんなる可能性であったものに何かを付け加えたものであるという考えを受け入れてしまうことになります。可能的なものは、出現の時を待つ亡霊のように、ずっとそこにあったのだと思いこんでしまうのです。何やら知れぬ血液あるいは生命のようなものを輸液することによって現実的なものになっているのだと思いこんでしまうのです。事実はそれと正反対であって、可能的なものはそれに対応する現実存在を、なにかそこに付け加わるものとともに、内包しているのだ、なぜなら、可能的なものとは、産み出されたばかりの現実存在と、それを〔過去という〕背後に投げいれる装置とが結合した結果であるのだから、ということを見ようとはしないのです。もろもろの可能的なものは現実存在のようなものを獲得することをつうじて現実化されるだろうという、ほとんどすべての哲学に内在しており、人間精神にとって生来のものである考えは、したがって、まったくの幻想なのです》(Ibid., p. 14)。

可能性の論理的装置をこのような仕方で分析することによって、ベルクソンは存在論的議論にかんする哲学者たちの思弁を培ってきた可能性から現実存在への移行という幻影をドラスティックに否定してみせている。可能態と現実態は一緒に産み出されるのであり、起源を共にしているのであって、誤謬は両者を区別することにあるのではなく、可能態が別個に先立って存在していると考え、可能態から現実態への移行が分節化される様式を定義することこそが問題となると考えることにあるのである。

## 2

ダンテは『帝政論』の決定的なくだり〔第一巻第三章〕で、アウェロエスに言及しながらも、可能態とそれの現実態への関係を独創的な仕方で思考しており、わたしたちはそれの含意するところをすべて余すことなく測定してみる必要がある。彼はなによりもまず可能態もしくは可能性を人間の自然本性と《人間文明の究極目的（finis totius humanae civilitatis）》の定義そのもののなかに書きこむ。

他の被造物に比べての人間世界の特有性は何であるかを探求するなかで、彼はそれを端的な意味での理解力ではなく、思考する可能性もしくは能力にあるとする。《人間に固有の究極的な力は［……］生命のある存在であることではない。このようなことは植物にもあるからである。また事物を感覚によって把握できることでもない。このようなことは動物にも共通しているからである。そうではなくてむしろ、可能的な理性（intellectus possibilis）によって事物を把握する能力があることである。これはもっぱら人間に属する能力であって、人間以外のいかなる存在者にも――人間より下位の存在者にも、人間より上位の存在者にも――属さない。実際にも、理性を分有する他の存在者は存在していても、その理性は人間の理性のように可能的なものではない。というのも、その種の存在者はたんに理性的な存在者でしかなく、その存在はみずからが存在することを認識することにだけ存するからである。そしてこの理性的認識は中断することなく（sine interpolatione）生じる。そうでないと、この存在者が永遠に存続するようなことはないだろう。それゆえ、人間の究極的な可能態が理性的な可能態もしくは力であることは明らかである》。

アウェロエス的なテーマを取り入れつつ、ダンテはここで人間に固有の本性を思考の中断することのない行為においてではなく、思考することの可能性もしくは能力において定義している。天使の本性が中断することなく思考することによって定義される一方で、人間の理性にはそれを《思考する能力》あるいはアウェロエス的伝統の術語に従うなら《可能的な理性》として構成する中断が属するのである。

しかしまた、この能力はなにか分離した実体あるいは思考の行為に先立つ権能のようなものではない。それはたんに行為のインテルポラーティオー（interpolatio）、中断および改変であるにすぎない（そのラテン語には否定的な意味合いが含まれていることもありうるのである）。すなわち、理解の行為には思考する主体がテクニカルな意味におけるインテルポラーティオー――思考することの改変と同時に「可能性」――として書きこまれているのである。このためにダンテは直後に書くのだった。《そしてこの可能態は一人の人間や上述のさまざまな特殊社会のいかなるものによってもただちに全面的に現実化されえない（tota simul in actu reduci non potest）ことから、人類には多数の人間が存在していて、これら多数の人間によってこの可能態の全体が現実化される必要があるのである。これはあたかも質料の可能態の全体が現実態のもとに（sub actu）あるためには生成可能な多数のものが存在している必要があるのと同様である。もし必要でないとすると、現実態から分離した可能態が存在することになるが、このようなことはありえないのである》と。

“sub actu”という表現に立ち止まってみるのがよい。これは“sub luce”（光のもとに）とか“sub die”（太陽のもとに）という表現が指しているのとごく近接したもの、あるいはほぼ一致したものを指している。このテクニカルな定式は、ダンテが知っていたか――たとえばブラバンのシゲルスがそうで、この人物は質料はつねになんらかの現実態のもとにある（semper est sub actu aliquo）と書いている（Siger de Brabant, p. 30）――、ベルトールト・フォン・モースブルク（十四世紀のドイツのドミニコ会の神学者で新プラトニスト）とエディジオ・ロマーノ（一二四三から一二四七－一三一六。ローマの聖アウグスティーノ修道会長でブールジュの大司教にも任命された神学者〕のように、知りえていた著述家たちのうちに出遭う。とりわけ注目されるのはエディジオ・ロマーノの『命題論集註解』の一節（第二巻第三区分第一問第一項）である。そこでは可能態は現実態から分離した実在ではないことが明示されている。《活動的な理性が、可能態が可能態であるようにするのでもなければ〔……〕、現実態が現実態であるようにするのでもない。このことは現実態としての現実態の権限であるからである。そして現実態が現実態であるためには、なんらの操作も必要としない（non indiget aliqua factione）。活動的な理性がおこなうこととは何かといえば、現実態が可能態のうちにあるようにし、可能態が現実態のうちに（sub actu）あるようにすることである》。活動的な理性の行動は現実態のうちに中断と可能態（アウェロエスのいう意味での「可能的な理性」）を産み出すのであるが、しかしまた現実態から切り離しえないのであって、途絶えることなく現実態のもとに（sub actu）あってみずからを維持するのである（人類の場合には多数の人間が存在するおかげで）。

この見方のもとでは、ライプニッツやわたしたちがこれまで検討してきた伝統がおこなっているように、可能態から現実態への移行について語ることは、まったく場違いなことである。むしろ逆のことが起きているのであって、わたしたちに馴染みのある術語を使って言うなら、《あらゆる可能的なものは現実に存在することを要請する》ではなくて、《あらゆる現実に存在するものはそれの可能性を要請し、可能的なものになることを要請する》と言う必要があることになるだろう。可能性もしくは可能態はたしかに実在するが、それはなにか現実態に先立ち現実態のなかで完成されなければならないものとしてではなく、それが補完部分をなしている現実態を中断するものとしてであって、けっして現実態から切り離すことはできないのである。このためにダンテは可能的な理性を魂から切り離してしまったアウェロエス――《可能的な理性を／彼は魂から切り離してしまった》（『煉獄篇』第二五歌六四‐六五行）――から離れるのだった。可能態と現実態、可能性と現実性は人間の理性の互いに切り離しえない二つの部分を構成しているのであって、人間の理性の生命と固有の運動を規定するのである――《そして生き、感じ、さらには自転する／ただひとつの魂となる》（『煉獄篇』第二五歌七四‐七五行）。

ℵ　思考の能力はダンテの場合には人間社会に特有の能力であるだけでなく、愛の経験の根底にも存在している。〔ダンテもその一員だった〕清新体派の詩学は、それに含まれている愛の理論が個人と活動的な理性の合一というアウェロエス主義者の学説を取りあげ直して発展させたものであることを前もって把握していなければ理解できない。詩人たちが愛の対象として崇拝するベアトリーチェやそれ以外の女性的形象は、想像力の産み出した、アウェロエスによると個々人と活動的な理性との（注目されることにもコープラーティオー（copulatio）あるいはコンティヌアーティオー（continuatio）と定義された〔いずれも「結合」の意〕）合一を確固たるものにするというファンタスマ〔幻像〕を名指ししたものにほかならないのだった。他の場所で証明に努めたことがあったが（Agamben-Brenet, pp. 33–34）、ダンテとカヴァルカンティの天才的な発明は愛の経験を可能的な理性のうちに――すなわち、現実態ではなく可能態の経験、安定した所有ではなく中断の経験のうちに――位置づけたことである。恋におちた主体――これはこの中断と合致すると同時に詩作する主体と合致する――は、恋人の死のなかで愛と活動する理性との結合を経験するのである。

3

可能態は直接に現実態と一致し、可能性は端的に現実に存在するものと一致するという考え方は、ニコラウス・クザーヌスによって『可能現実存在について(*De possest*)』という意味深長なタイトルをもつ〔「可能現実存在」つまりは神をめぐっての、サン・ピエトロ・イン・ヴィンコリ聖堂の枢機卿であるクザーヌスとザルツブルクの大司教の聖庁尚書係長ベルナルドゥスとセッツァーディオの聖ユスティナ修道院の修道院長ヨハンネス・アンドレアス・ウィゲウィウスの〕三者対話のなかで展開されている。そこでは、わたしたちが神学的伝統のなかで神性を定義しているのを見てきた可能態と現実態の統一性を最初から思考し直すこと、そして同時に使徒〔パウロ〕が留保なく断言していた神と万物の問題含みの同一性――《神がすべてにおいてすべてとなられるために(ut sit Deus omnia in omnibus)》(『コリント の信徒への手紙 一』一五・二八)――を定義することが問題となっている。

クザーヌスは《現実態において存在している被造物はすべて存在することがたしかに可能なのです(omnis enim creatura actu existens utique esse potest)》(N. de Cues, p. 26)というテーゼから出発して、そのテーゼを論理的に鎖状に繫がった一連のパラドクスをつうじて展開する。現実態において存在しているあらゆる存在者の絶対的な可能性は《現実態において存在するものすべてがそれをつうじて存在するものであるところの絶対的な現実性》と一致する。《現実性は現実態において存在するのですから、それはたしかに存在可能なのです。というのも、存在不可能なものは存在しないはずだからです（cum igitur actualitas sit in actu, utique et ipsa esse potest, cum impossibile esse non sit）。また絶対的な可能性自体は可能以外の（a posse）ものではありえません。絶対的な現実性も現実態以外のものではありえないようにです。そしてわたしたちが可能性と呼んできたこの可能性は、わたしたちが或るなんらかの可能態は現実態に先立つと言う場合のように現実性に先立って存在することはできません。実際にも、もし現実性をつうじてでないとしたなら、どのようにして現実態へと進み出る（prodisset in actum）のでしょうか。もし被成可能（posse fieri）〔「現実存在へと生成されうる」という可能〕が自分だけで現実態へと産み出されるのだとしたなら、それは現実態である以前に現実態において存在していることになってしまいます。それゆえ、いまわたしたちが語っている絶対的な可能性――現実態において存在しているものどもがそれをつうじて現実態において存在することが可能であるところの可能性――は、現実性に先立つわけでもなければ、現実性の後に続くわけでもありません。どのようにして現実性は可能性が現実に存在していなくても存在しうるのでしょうか。ですから、絶対的な可能態と現実態、そして両者の結合は、共に永遠なのです》（Ibid., p. 28）。

まさしくこの神における可能態と現実態の同一性から出発してこそ、ひとはパウロの汎神論を正しく思考することができるのである。《もし神が絶対的な可能態であり、現実態であり、両者の結合であり、したがって存在可能なあらゆるものとして現実に存在するのであるとしたなら、神が包括的に万物であることは明白です（patet ipsum complicite esse omnia）。というのも、なんらかの仕方で現実に存在しているか、あるいは存在可能であるものはすべて、この第一の根源〔神〕に包含されているからであり、また何であれすでに創造されたものも未来に創造されるであろうものも、それらがそこに包含されているその者〔神〕から展開されるからです（explicantur ab ipso, in quo complicite sunt）》（Ibid., p. 30）。

このように万物が神の絶対的な可能態のうちに包含されていることを説明するために、クザーヌスは「〜以外のものではない（non aliud）」という概念に訴える。神は万物以外のものであることは可能でないという意味で万物であり、万物以外のものではない。絶対的な可能性と絶対的な現実性の合致は万物以外のものであることの不可能性へと解消される。神の全能はこの特異な制限をつうじてのみ定義される（《したがって神は万物であり、こうして万物以外のものであることは可能ではないことになります。同様に、神は至るところに存在しており、こうしてそれ以外のところに存在することは可能ではないことになります（Deus ergo est omnia, ut non possit esse aliud. Ita est undique, ut non possit esse alibi）》（Ibid., p. 38）。存在するものすべてでありうるかぎりで、神はもろもろの事物と同一化されるのではなくて、むしろこれらの事物「以外のものではない」のである。

このため、神の最も本来的な名称は、クザーヌスがこの時点にいたってつくり出している造語によると、《ポッセスト（Possest）》＝《可能現実存在》、すなわち、絶対的に現実に存在する可能態なのだった。《「可能が現実に存在する（posse est）」という複合的な指示内容をきわめて単純な定式によって指示しうるなんらかの表現を探してみましょう。そうしますと、存在するものは現実態において存在するのですから、存在することが可能であるということは現実態において存在することが可能であるということ以外のものではありません。もしよろしければ、それを「ポッセスト（possest）」と呼ぶことにしましょう。いっさいがそれのなかに内包されています。そして神について人間がつくる概念に従うかぎり、それは神に十分に適合した名称なのです》（Ibid, p. 40）。

絶対的に現実に存在しており、そこでは存在しうるすべてのものが現実態のうちにある存在可能としての神というこの定義からは、さらなるいくつかのパラドクスが派生する。実際にも、そのような存在可能は神においては絶対的な第一の根源と合致する。枢機卿〔クザーヌス〕が「ポッセスト」という新造語をつくった真意についてベルナルドゥスはこう斟酌してみせている。《「ポッセ（posse 可能）」と「エッセ（esse 存在）」から合成されたこの「ポッセスト（possest 可能現実存在）」という名称は単純な指示内容をもっていて、人間的な概念に従って探求者を神についての或る積極的な断言へと謎めいた仕方で導いていくとあなたは主張なさっているのだとわたしは理解します。さらにあなたは絶対的な可能を、それが能動と受動とを超えてすべての可能を包含しているかぎりで、生成可能（posse facere）〔なしうること〕と被成可能（posse fieri）〔なりうること〕とを超えて理解なさっているのだとおもいます。そしてこの可能そのものは現実態において存在するとわたしは把握します。あなたが存在可能全体が現実態において存在するとおっしゃるこの存在は、絶対的な可能です。こうしてあなたは、全可能（omne posse）が現実に存在するところにおいてわたしたちは第一の全能な根源へと到達することになる、とおっしゃりたいのでしょう》（Ibid., p. 58）。

三人の対話者のうちの一人〔ベルナルドゥス〕は、根源のうちに永遠に存在するこの可能性は、創造されたのではなくてすでにつねに存在していた質料に似たものである、と示唆する。二人の他の対話者はこの考えを斥けるが、クザーヌスにはその原初的な絶対的可能態と古典思想の永遠の質料とのアナロジーが見落とされたはずがないことは確かである。

存在するものすべてでありうる可能性を思考するということは、あらゆる事物において可能態と現実態と両者の結合の一体性（あるいは、クザーヌスが花のイメージによって示唆しているように、可能態にあるバラと現実態にあるバラと可能態にあるとともに現実態にあるバラの三位一体性）を思考すると同時に、万物の原理、すなわち、神において絶対的に根源のうちに存在する三位一体性に到達することを意味している。このために対話は前置詞「in」にかんする省察をつうじて結論へと向かっていく。修道院長のヨハンネスは述べている。《続いてわたしはどのようにしてわたしたちは IN を介して神と万物とに歩み入るのかを考察してみます。名指されうるものはすべて、みずからのうちに IN 以外のものを含んでいません。というのも、もし IN が存在しなければ、万物は何ものをもみずからのうちに含むことはなく、まったく空虚であるということになるからです。たとえば、わたしが実体へと視線を向ける（intueor in substantiam）とき、わたしは実体化された IN そのもの（ipsum IN substantiatum）を観ているのです。もしわたしが天へと視線を向けるなら、わたしは天化された IN そのものを観ているのです。もしわたしが或る場所へと視線を向けるなら、わたしは場所化されたINそのものを観ているのです》(Ibid., p. 86)。現実態と合致する絶対的な可能態なるものを思考することは、ただ「IN存在」なるものだけを思考すること、すなわち、現実態にある可能態と可能態にある現実態と両者の結合とを実体的な存在ではなくていわば純粋に命題的な存在として、つまりは絶対的で単純で完全な「in」として思考することを意味する。《INそのもののなかには、まずはIが存在し、つぎにZが存在し、さらに両者の結合が存在して、その結果、IとZと両者の結合とから合成されたINという一語が存在することになります。Iより単純なものはありません。［……］Zは最も単純なIをみずからのうちに導き入れることによってはじめて産み出されます。［……］INのなかでIが展開されているのです。［……］万物を充たすものであり、それがなくては万物が空虚なものになってしまうINは、万物に内在していて（inest et immanet）、万物を完成させ形づくるのですから、それはすべての物の完全体なのです》(Ibid., p. 86)。

もしこのようにしてクザーヌスにおいては可能性が現実存在へのあらゆる従属から解放されており、同時に、すでにそれ自体において完全なものであるので、現実態への移行の必然性からも解放されているとしたなら、三者対話の限界は可能態の問題が一貫してその神学的なトポスへと引き戻されていることにある。すなわち、クザーヌスは存在論的議論が執拗に定義しようとこころみてきたのと同じ神における可能態と現実態、本質と現実存在の合致そのものを――たしかにより独創的な仕方においてではあるが――思考しているのである。

**4**　存在の問題についての『存在と時間』におけるハイデガーの再提出は可能性のカテゴリーの根本的な再考を含んでいる。もしすでに序論の第二章で現象学について論じたさい、《現実性（Wirklichkeit）よりも高いところに可能性がある》との簡潔なテーゼ（Heidegger [3], p. 38）が言明されていたとするなら、続く諸章では可能性は他のもろもろのカテゴリーと並ぶひとつのカテゴリーであることをやめ、ハイデガーが《現存在（Dasein）》と呼ぶ存在者の構造そのものを規定するものとなる。《現存在の存在の根本様態としての》把握は、それがなによりもまずもっては〈存在可能なもの（Sein-können）〉であるということから始まる。《現存在とは、なにかをなしうることをおまけに所有しているような、目の前にあっていつでも自由に使用しうるもの（ein Vorhandenes）ではなく、第一次的には可能存在（Möglichsein）である。現存在とはつねに自分がそれでありうるものであり、自分の可能性がとる様態にほかならない。［……］現存在がつねに実存論的にそれである可能存在は、空虚な論理的可能性からも、目の前にあっていつでも自由に使用しうるものの――あれこれのことが「突発」しうるかぎりで――偶発性からも区別される。目の前にあっていつでも自由に使用しうるというあり方の様態論的なカテゴリーとしての可能性は、まだ現実的でないものや、いつになっても必然的でないものを意味している。それの特徴をなしているのは可能的でしかないものである。それは存在論的にいって現実性と必然性よりも下位にある。これにたいして、実存論的なカテゴリーとしての可能性は、現存在が有する最も根源的で究極的に積極的な、存在論的に規定されたあり方にほかならない》(Ibid., pp. 143–144)。

現存在はみずからの前に無差別に選択したり放棄したりできる可能性を有しているのではなく、クザーヌスの「可能現実存在」と同じく、それ自体が可能存在の様態のうちにあって存在しており、この可能存在以外の何ものでもない。《現存在は、本質からして情態的なものとして、すでにつねに一定のもろもろの可能性のうちに嵌まりこんでおり、現存在がそれである存在可能（Seinkönnen）としては、それらの〔他の〕可能性をすでにつねに素通りさせてしまっていて、みずからの存在の可能性を不断に断念したり、つかみ取ったり、つかみ損ねたりしている。このことは、現存在とは自分自身に委ねられた可能存在（ihm selbst überantwortetes Möglichsein）であり、徹底して被投的な可能性であるということを意味する。現存在とは最も固有な存在可能に向かって自由であるという可能性なのだ》(Ibid., p. 144)。自分自身の存在可能に委ねられているかぎりで、現存在はもろもろの計画を立案することはなく、あれこれの可能性を自由に選択することもせず、その最も固有の構造のなかに投げこまれるかのようにして、すでにつねに計画（Entwurf）のなかに投げこまれている。計画と可能性は現存在の《実存論的な存在体制》(Ibid., p. 145）を規定しており、それが自由に使用しうる能力を規定するものではないという意味においてである。

したがって、現存在の最も固有の可能性を〈死へと向かう存在〉と規定した瞬間に、死は不可能性以外の内容をもたないこと、すなわち、体制からして現実化しえないことを示しているのは、驚くには当たらない。《或る可能性へと、すなわち、或る可能的なものへと向かう存在は、その可能的なものの現実化（Verwirklichung）に配慮するという意味において、或る可能的なものと関わっているということを意味しうる場合がある。手元にあるものと目の前にあるものの領野では、この種の可能性にたえず出遭う。達成可能なもの、支配可能なもの、通用可能なもの、等々》（Ibid., p. 261）。これにたいして、その特殊な可能性としての〈死へと向かう存在〉は、現存在に実現すべきものをなんら与えることができない。《第一に、可能的なものとしての死は、なんら可能的な手元にあるものや目の前にあるものではなく、現存在のひとつの存在可能性である。他方、そのような可能性の現実化に配慮するということは生を離れる〔死去する〕という事態を招き寄せることを意味することにならざるをえないだろう。しかし、そのことによって現存在はまさしく、現実に存在しながら死へと向かう存在であるための地盤をみずから取り去ってしまうことになるのである》。《可能性としての死は、現存在にたいして、「現実化されるべき」いかなるものも、現実存在が現実的なものとしてみずからそれでありうるようないかなるものも与えない。死とは、およそ～へと向かっていくことの、現実に存在することのいっさいが不可能になる可能性なのである。こうした可能性へと先駆することで、この可能性は「ますます大きく」なっていく。すなわち、この可能性は、そもそもどのような尺度も、どのような増減も見知らぬほどのものであり、むしろ、実存〔現実存在〕の計り知れない不可能性の可能性（die Möglichkeit der masslosen Unmöglichkeit der Existenz）を意味するものとして顕現する》（Ibid., p. 262）。

この点にいたってハイデガーの戦略が明瞭になる。可能性を様態性の範域から除去しようとこころみるなかで、実際にはそれを不可能性というもうひとつの様態論的カテゴリーに縮約し、このようにして不可能性を現存在の最も固有の可能性の唯一の内容としているのである。指摘されてきたように、このことは不可能なものからは不可能なものしか出てこないというヴォルフの存在論の原理を反転させることを意味する。ここでは逆に不可能なものは可能性の本源的な源泉なのであって、さきに引用した《現実性よりも高いところに可能性がある》というテーゼは《可能性よりも高いところに不可能性がある》という追加条項によって補完されなければならないのである（Esposito, p. 310）。しかしまた、存在論的伝統にたいしての新しさは見かけほどラディカルなものではない。もし可能性がここでは実現しえないものであるとするなら、それは可能性がそれ自体において現実的なものであるからではなく、むしろ、その内容が不可能なものであるからである。現存在の体制的な構造であるかぎりで、それは現実態において現実化されるべきものをなんらもたないが、このことが意味するのは、現存在はそれがそこに投げこまれている存在可能であるべきである一方で、本来の意味では存在すべきものをなんらもたないということでしかない。存在可能でありうることは、それ自体としては不可能なのである。

　そのときには、なぜ現存在の最終的な構造と意味が時間性でしかありえないのか（Heidegger [3], p. 331）もわかる。本質と現実存在の差異が時間を内含していたアリストテレスの存在論――《それがそれであったところの存在》――との結びつきが、ここではとりわけ明白になる。もし時間性が《自分の外にあること、純粋にして単純なエクスタティコン（ekstatikon 脱自）》であるとするなら、その不可能な存在可能であるべき現存在は、このために、すでにつねに脱自的な状態で時間のなかにいるのである。時間が現存在に露顕してみせる可能性は、しかしながら無である。《根源的で本来的な将来は〈自分へと向かって（Auf-sich-zu）〉、無性という追い越しえない可能性として実存している〔現実に存在している〕ということである。根源的な将来の脱自的な性格は、まさしく、将来が存在可能を閉ざしていること、すなわち、それ自身が閉ざされて（geschlossen）いること、そしてそのようなものとして、決断しながら（entschlossene）無性を実存的に把握することを可能にすることにある。根源的かつ本来的な自己へと到来することが、最も固有な無性のうちで実存する〔現実に存在する〕ことの意味である》（Ibid., p. 330）。

**5**　カントの『遺稿集』――著者の死後一世紀が経って初めて部分的かつ不正確な箇所も散見されるかたちで刊行された、外見上は異質な覚え書きの集成――は、おそらくカントの著作のうちで最も探求されてこなかったものである。しかしまた、近年の研究が示唆しているように、アカデミー版の第二一―二二巻（一九三六―一九三八年）における最終版以後、それは三大『批判』書の正典的な体系を超えたいくつかのモティーフを展開しているようなのだ。

ここでわたしたちに関心があるのは、カントが純粋な空間および純粋な時間に固有の身分にかんしてふたたび問い返そうとしているセクションである。それらは第一『批判』書における「無」の概念の分類表では「エンス・イマーギナーリウム（Ens imaginarium）」あるいは「対象をもたない空虚な直観」という見出しが付いていた。そしてヌーメノン〔可想体〕については同じ分類表は「エンス・ラティオーニス（Ens rationis）」あるいは「対象をもたない空虚な概念」と定義していた。無の概念の他の二つの形式――「ニヒル・プリーウァーティーウム（nihil privativum）」（影とか寒さとかのように、何ものかのたんなる否定）と「ニヒル・ネガーティーウム（nihil negativum）」（《二つの面をもった直線図形》のように、たんなる矛盾）――は、カントの言葉ではたんに《空虚な概念（leere Begriffe）》であるのにたいして、最初の二つの形式は《概念への空虚な所与（leere Data zu Begriffen）》を表象している。まるでこのパラドクシカルな表現によって、それらのなかではなにか空虚のようなものが思考に与えられるとでもいうかのようなのだ。

『遺稿集』では、カントはこれらの《空虚な所与》から出発して、受容性と自発性、感性と悟性という、認識の二つの源泉の根本的な区分を一から思考し直そうとしている。もし前者において或る対象がわたしたちに与えられ、後者においてそれが表象との関係のなかで思考されるのだとしたなら、第一『批判』書の要点をなしているのは、認識はこれら二つの源泉の協働をつうじてのみ生じうるということであった。『遺稿集』の頁を満たしている細かな記述のなかで、カントは感性と思考に空虚を与えているようにみえる無の二つの形式を問いに付し直している。純粋の空間と純粋の時間のなかで与えられる《対象をもたない空虚な直観》とヌーメノン〔可想体〕である《対象をもたない空虚な概念》の身分は何であるのか。或る対象の空虚な自発性になんらかの仕方で対応しているようにみえる対象をもたない受容性なるものをどのように思考すればよいのだろうか。

直観の形式としての空間と時間の定義を無数のヴァリエーションのなかで執拗に取りあげ直しつつ、『遺稿集』の第七束と第十一束の註記はそこにそのつどいくつかの新しい要素を導き入れ、それらをひとつの新しい展望のなかへ置き直している。

《空間と時間は直観の対象ではない。実際にも、もしそうであったとしたなら、それらは実在する物であっただろう。そして、わたしたちがそれらを対象としてわたしたちに表象することができるようになるために、もうひとつの直観を要求することになっていただろう。こうしてそのような事態はどこまでも無限に続くことになってしまうだろう。もろもろの直観は、それらが**純粋**であるときには知覚ではない。というのも、知覚であるためにはおそらくそれらが意味を限定することが要求されるからである。しかしながら、もろもろの純粋の直観が時間そのものに知覚への原理、たとえば天体の引力を与えるのは、どのようにすれば可能となるのだろうか。（空間と時間は直観の対象ではなくア・プリオーリな総合的命題と超越論的哲学の可能性の原理を内含しているかぎりで、直観の主観的形式である。すなわち、あらゆる知覚よりも前にある現象（Erscheinungen vor allen Wahrnehmungen）なのである》（Kant [4], p. 257）。ここで、《あらゆる知覚よりも前にある現象》という、第一『批判』書では意味をもたなかったであろうような特異な表現に止目する必要がある。すなわち、ここではあらゆる具体的な経験に先立つ現象的なものが生じているのである。これはまるで或るひとつの現象的次元のような何ものかが可能的な経験よりも前に、すなわち、経験の唯一の可能な対象を構成しているもろもろの現象よりも前に生じうるとでも言うかのようである。もろもろの覚え書きは倦むことなく、空間と時間は直観の形式であるだけでなく、もろもろの直観それ自体であり、そのようなものとしてア・プリオーリな総合的公理や命題を基礎づけることを可能にすると繰り返し強調している。もっとも、それらのなかで何が直観されるのかは明確ではないにしてもである。純粋な直観であるかぎりで、それらはまさしく対象を欠いていることからしてである。

ここにいたってカントは《或る現象の現象（Erscheinung einer Erscheinung）》＝《或る出現の出現》という決定的であるとともに問題含みの概念を導入する。純粋な直観としての空間と時間においては、そしてまた物自体においては、わたしたちが直接に関係するのはもろもろの現象ではなく、主観が或る現象を経験するなかで対象によってではなく、自分自身によって、主観自身が対象を受容するあり方によって触発されるさいの様態である。もしわたしたちがわたしたちに空間と時間のうちにあるもろもろの現象だけでなく、空間と時間そのものも現象および感性的対象として表象するのだとしたなら、また物理学において、経験的経験のなかにはなんら与えられていないエーテルや物質などの概念を形成してわたしたちに提供するのだとしたなら、それはこのいわばア・プリオーリな現象的なものが主観の自己触発作用にもとづいているからにほかならない。

現象の現象は――とカントは書いている――《主観が或るひとつの原理に従って自分自身を印象づけるさいに用いる形式的なものの表象であり、自分自身にとっては自発的にひとつの対象である。ひるがえっては、この現象はもはや対象および現象の経験的表象ではなく、感性的対象のア・プリオーリな認識であって、主観はその複合から、集合としては、主観自体がその中に置かれていたもの以上のものをなにひとつ引き出さないのである》(Ibid., p. 176)。《現象の現象は自己触発する主観の現象である》と別の場所にはある。第七束では自己触発という同じ概念が物自体についても採用されている。《物自体はもうひとつの対象ではなく、主観そのものへの表象のもうひとつの関係(respectus)であって、主観を分析的にではなく総合的に、現象であるかぎりでのもろもろの直観的表象の複合(complexus)、すなわち、直観の単一体のなかにあってのもろもろの表象のもっぱら主観的な規定の基礎を含んでいるような表象の複合として思考するためのものなのである。エンス・ラティーオーニス = x は同一性の原理に従った自己定立であり、そのなかで主観は自己触発的なものとして(als sich selbst affizierend)、ひいては形式としては現象としてのみ、思考されるようになるのである》(Ibid., p. 285)。もうひとつ別の註記はこの主観の自己触発を《現象の現象》と定義している。《主観が自分自身にたいして経験的認識の対象でありながら、しかしまた同時に、自己触発的なものであるかぎりで、自分自身を経験の対象にする、間接的な主観的現象が現象の現象にほかならない》。

もろもろの現象の知覚に先立っているようにみえる或るひとつの現象的なもののこの特別の構造について考察してみよう。第七束の或る註記は、空間と時間がわたしたちに与えられるのはわたしたちが現象であるかぎりでのもろもろの対象によって触発されるかぎりにおいてのことであるとことわっている。《空間と時間は直観の所与の対象ではなく、それら自体が直観、正確には、純粋の、ア・プリオーリな直観である。しかしまた、それらがわたしたちに属するのは、わたしたちがもろもろの対象によって触発されていると感じるかぎりにおいて、すなわち、これらの対象が単純な現象として出現するかぎりにおいてでしかない。経験的にではなく、ひいては経験の可能性を内含しているような仕方においてである》(Ibid.)。もろもろの現象の経験を可能にする空間と時間が生起するなかで、わたしたちはもろもろの対象によって触発されたかぎりでのわたしたち自身を経験するのであり、わたしたちはなんらかの仕方でわたしたち自身の受容性によって触発されている。そしてこのようにしてわたしたちはわたしたち自身にとっての対象となるのである。《したがって、空間と時間は直観の対象ではない。[……] それらとともに主観はそれ自身が対象へと構成されるのである》(Ibid., p. 277) と同時期に書かれたもうひとつの註記はことわっている。

こうして、カントが時として《間接的な現象》とか《第二段階の現象》とも定義している《現象の現象》というパラドクシカルな表現の意味は明らかとなる。その現象のなかで問題になっている自己触発は事実上もろもろの現象の経験に先立つものではなく、もろもろの現象のうちに含まれているのであり、同時に、それが一種の現象的なものの形態をとって第二の可能態へと発展していく可能性を基礎づけているのである。その自己触発のなかで姿を現わすようになってなんらかの仕方で現象として生起するものは、認識の源泉としての主観自体である。認識の源泉としての主観自体が受容性と自発性への分離を超えたところにあって姿を現わすのである。《主観が自分自身を定立するさいの手段となる純粋な直観の対象、すなわち、空間と時間は——ともうひとつの註記は謳っている——無限である。認識は直観と概念、すなわち、わたし自身に対象として与えられており、対象として思考されるものを把握する。何ものかが存在している。わたしはたんに論理的な主語でも述語でもないのであって、知覚の対象でもあるのである。"dabile, non solum cogitabile〔たんに認識しうるだけでなく与えうるもの〕"》(Ibid., p. 305)。

自分自身を触発するこの受容性のなかで、認識の二つの源泉は余すところなく合致する。《定立することと知覚すること、自発性と受容性、客観的な関係と主観的な関係は同時に(zugleich)存在している。というのも、それらは、主観が触発され、ひいてはアークトゥス(actus 現実態)そのもののなかでア・プリオーリに与えられるさいの現象であるかぎりで時間的に同一であるからである》(Ibid., p. 198)。経験の可能性は、究極的には、自己触発に立脚しているのである。

**6**　自分自身をこうむっているこの受容性のなかにおいてこそ、あらゆるたんに様相的なとらえ方から解き放たれるとともにわたしたちが西洋の存在論的な政治的マシーンと呼んできたものから引き抜かれた可能性の理論は基礎づけられうるのかもしれない。可能性は或る対象の認識能力との関係を表現したものであることをやめ、同時に、現実態にたいするあらゆる前想定の関係からも解き放たれて、むしろ、或る主観がそれ自身の受容性によって触発される経験として提示される。

わたし自身の受容性を経験している時点では、この経験は完全に現実的である。しかしまた、自分自身以外の対象をもっておらず、主観と客観がそれのなかで合致しているかぎりでは、それは同時に純粋な可能性の空間を開示する。そしてその空間のなかで世界と生とがわたしにとって初めて可能となる。この意味では、自分自身を被っている受容性は、たんに様態的な論理的次元に囚われたままになってはいない可能性および現実態となって現実化されるなんらの必要もない可能態の、唯一ふさわしい定義なのだ。可能態と現実態とのあいだには通路はない。バンヴェニストの言う意味での記号論的なものと意味論的なものとして、両者はそもそも起源を共にしており、互いに伝達し合うことはないのである。

いまだ何も書かれていない石板としての可能態というアリストテレスのイメージは、ここで――正確に読まれた場合には――その重要性を獲得する。ここで問題になっているのは石板ではなく、それを覆う感覚的な蠟を用意することであるという、アプロディシアスのアレクサンドロスの訂正の言は、受容性の自己触発作用のイメージとして受けとられるべきだろう。石板が存在していてその受容性を感知している時点では、石板の可能態は現実態への移行のなんらの必要もなしに現実的なのである。アルベルトゥス・マグヌスの言を借りるなら、《それはさながら文字がひとりでに蠟の上に書かれたかのようなのだ》。

可能態をこの意味で経験するとき、わたしが「わたしは書くことができる」と言うとき、このことはわたしがそれ自体ではいまだ現実的なものではない可能性を現実化しなければならないということをなんら含意してはいない。「わたしは書くことができる」は、わたしが書く能力をもっていて、その結果、この能力を現実態となって現実化する能力があるということを意味しない。書くことはわたしにとって直接的に真実かつ現実的なことであり、わたしの生の形式であって、わたしがその所有者であるような能力ではないということを意味する。もしそうでなかったとしたなら、もし「わたしは書くことができる」が現実態となって現実化しなければならない書く能力を指しているのだとしたなら、わたしはけっして書くことができなくなってしまうだろう。というのも、現実態から可能態へはなんらの通路も存在しないからである。可能性は現実態と同時に産み出される。そして現実態から切り離すことができず、同時に、現実態に還元することもできない。この意味において、それはつねに現実態のもとに（sub actu）ある。もしわたしが何ものかを感じているあいだ、感じていると感じており、わたし自身の受容性によって触発されているとしたなら、そのときには、このものはわたしにとって完全に可能的なものであり、同時に現実的なものである。そして実効性がもろもろの存在者の事実性にたいしては無力な配分の身分にある一方で、この経験はコーナートゥスと、スピノザによると生を定義するという自分の存在に固執しつづける要請と合致するのである。

もしいまわたしたちがそこから出発したテーマに立ち戻るなら、可能的なものはあらゆる現実的なものにおける現実化しえないものの審級である（il possibile è l'istanza di un irrealizzabile in ogni reale）と言うことができる。現実化への傾向をみずからのうちに含んでいるものであることからはほど遠く、可能的なものは現実化に抵抗する。そして、このようにして、存在するものでありうるのであり、存在しうるものであるのである。これにたいして、可能態から現実態への移行という考えの立脚点をなしている、思考と言語活動に関わる「物」の可能態と現実態、本質と現実存在への分裂は、存在と現実を不断の現実化の過程と考える存在論的装置と連動している。この考え方は、見てきたように、さまざまなアポリアと矛盾に巻きこまれた挙げ句、ついにはそれが把握したいと願ってきた現実を理論的にも実践的にも、形而上学的にも政治的にも破壊してしまう。現実は今日、あらゆる分野で、その一貫性を保証すべきはずであったさまざまな現実化の過程によって破壊されてしまっている。たしかに、現実化しようとするたびに非現実的な可能性と実効的なものとに分裂した現実は、統制と操作には寄与するところがある。しかしまた、まさにその神学的諸前提から解き放たれた結果、現実化はいつまでも終わることなく続くものと想定されるために、現実の統治の可能性そのものが幻想にすぎないことを露呈してしまうのである。

それでも、わたしたちが定義しようとこころみてきた可能性の概念から出発するなら、思考に関わる「物」を挫折と破局にいたるように運命づけているものから救い出すもうひとつのとらえ方が存在することがわかる。「物」という語は、しばしば、哲学においても日常の談話においても、ラテン語の「イプセ（ipse）」という意味で、「～自体」というアナフォラ〔前方照応〕的な形容詞といっしょに用いられている。プラトンの『第七書簡』において思考の最も固有の対象（《事柄それ自体（to pragma auto）》）を指している「物自体」なのである。言語活動の志向的な〔抽象的ですでにつねに分裂した〕関連詞としての「物」に先立って、大地と天、神的なものたちと死すべきものたちの詩的な四方域のなかに書きこまれているハイデガーの枠づけ（brocca）に先立つか、その枠づけと並んで、わたしたちがいま定義したばかりの可能性の経験に対応する「物自体」が存在している。純粋の受容性の経験のなかで或るひとつの現実的な可能性が開示されるとき、この可能性は、可能態と現実態、本質と現実存在へのあらゆる分裂に先立ちそれを超えたところにあって明示され言表しうるかたちで存在している「物」の現実性と合致する。その現実性、枠づけの物性は、もうひとつの物ではない。それは存在論的装置のなかに書きこまれるなかで、そして書きこまれることによって、言語活動と連関するなかで、そして連関することによって取りあげ直された、その開かれのなかにあっての枠づけ自体なのである。すなわち、イデア、或るひとつの純粋な可視性のヴィジョン、或るひとつの純粋な認識可能性の認識である。そのような完全に現実化しえないものとしての可能性なのだ。この現実化しえない可能性に執着して離れない政治こそが唯一の真の政治である。

א　空虚な直観でありながら、それのなかでなにか質料のようなものが生起する、純粋な空間と時間にかんするカントの『遺稿集』の註解は、哲学的伝統がつねに場所であると同時に質料の理論とみてきたプラトンのコーラ（chora）〔場〕の学説と関連させて読むことができる。カントに従って、わたしは純粋の空間と質料を主観がその受容性そのものによって触発される自己触発作用をつうじてのみ思考することができる。プラトンが『ティマイオス』でコーラについて与えている《難解で不分明である》という規定も、なにか自己触発作用のようなものを含んでいる。ここでプラトンは存在の三つの種類を区別している。なにひとつ受容しない自発性としての知性によって捉えられる可知的なもの、感覚作用によって（met'aisthesεos）捉えられる可感的なもの、そして《感覚作用の不在にともなわれた（meta anaisthesεos）一種の偽物の推理によって触れることのできる》コーラである。《感覚作用の不在によって知覚する》とは何を意味しているのだろうか。まさしくカントの場合がそうであるように、空虚な直観、自分自身以外の対象をもたない純粋の受容性を経験するということでないとしたならば、である。

# II

# 太古の森——コーラ　空間　質料

わたしにしても、こんなにも歳をとっているので、言葉の海原のこの広大無辺の拡がり、この難所を、どのようにして泳ぎきるべきか、身に覚えがあるだけに、とても恐ろしくおもっているんだよ。

プラトン『パルメニデス』一三七A

聖プラトンよ、許してくれたまえ。ぼくらはきみにたいして重大な過ちを犯していた。

フリードリヒ・ヘルダーリン

〔『ヒュペーリオン』への最後から二番目の序文〕

# 第一章　シルウァ

**1**　プラトンの『ティマイオス』を部分的にラテン語に翻訳して註解を付した著作家でカルキディウスという名前だけしかわかっていない人物がいる。それでも、生存していた時期すら確かではない（何人かの研究者によると三〇〇年代半ば、一九六二年にウォーバーグ研究所から出た記念碑的な校訂版の編者によると四世紀と五世紀のあいだであったという）この無名の人物のおかげで、ラテン中世はプラトンを知ったのだった。プラトンは――少なくとも十二世紀半ばにエンリーコ・アリスティッポ（ラテン語名ヘンリクス・アリスティップス（?―一一六二）。カターニアの司教座聖堂助祭）による『メノン』と『パイドン』のラテン語が出るまでは――基本的に『ティマイオス』の作者であった。そして対話篇の三人の話者――ソクラテス、クリティアス、ティマイオス。四人目の人物（ヘルモクラテス）の名は欠落している――が使っている言語は、カルキディウスの一見したかぎりでは控え目であるようにみえて実際には凝っていて創意にあふれたラテン語である。プラトンの運命は――おそらくあまりにもドラスティックに示唆されてきたように――長いあいだこの無名の人物の手中にあった。カルキディウスの翻訳と註解は『ティマイオス』の前半部分だけにかんするものだったが、彼の本は実際にも十一世紀以降広く流布するようになって、その普及度たるや写本を所蔵していない中世の図書館は存在しないと断言しうるほどのものであった（カルキディウスの写本が百九十八もあったのにたいして、キケロによって開始された対話篇『ティマイオス』のほぼ四分の一の翻訳については、三つの写本しかなかったとの証言がある）。人文主義の時代になっても、ペトラルカとピーコ・デッラ・ミランドラはそれぞれカルキディウスの写本を一冊所持していて、両人とも熱心に欄外に注を書きこんでいた。またダンテも政変でフィレンツェを追われ各地を放浪していたあいだに同じく細心の注意を払ってカルキディウスの翻訳した『ティマイオス』を読んでいたものとおもわれる。カルキディウスは翻訳者としての自分の任務のもつ威信と難しさをことのほか意識していて、それを「親愛なるオシウス」への献辞のなかで《これまで一度もこころみられたことのない仕事》であり《大胆なくわだて（res ardua）》であると定義している（Calcidius, p. 4）（オシウスは三二五年のニカイア公会議を主導したとされるコルドバ司教。カルキディウス自身の言によると、彼が『ティマイオス』をラテン語に訳したのはオシウスに依頼されたためであったという）。このために、翻訳のような《深遠なことがらの似像》は原典よりもさらにいっそう曖昧なものになってしまう危険があることを自覚して、そこに註解を付けることに決めたのだった。そしてその註解のなかに曖昧さについての短い論述を挿入している。もし《語られた多くの言葉が真実ではあるが曖昧である》（Ibid., p. 630）とするなら、曖昧さ（obscuritas）は語る人の意向から、あるいは聴く人の欠陥から、あるいは論じられることがらの本性から生じうる。しかし、いまの場合には《論じているティマイオスは不適格な語り手ではないし、聴いている人たちも愚鈍ではない》(Ibid., p. 630) のだから、残るのは、曖昧さは論点の難しさに由来するということである。カヴァルカンティの秘教的なカンツォーネが《理解力をもっている人々によって》のみ読まれることができるように、『ティマイオス』も《それらの学科》(すなわち、ほんの少し前にことわられていたように、算術、天文学、幾何学、音楽)《の使用と実践に馴染んでいる人たちのためだけに考えられていた》(Ibid., p. 114) のだった。

カルキディウスが彼の本の最終部分で註解しているのは、プラトンの質料理論である。これはたしかになんとも大胆な理論であって、《公然かつ明瞭に説明する》ことは能わない (Ibid., p. 630)。まさしく、この容易に通り抜けることをゆるさない概念をラテン語に翻訳しようとして、カルキディウスは彼の翻訳家としての無比の天才ぶりを立証してみせるのだった。註解のなかで彼はギリシア語の「ヒュレー (hyle 資料)」を (そして彼によるとプラトンが質料を表現するために使っているというそれ以外のさまざまな語を)「シルウァ (silva)」と翻訳しているのである。「森」を指すラテン語である。

## 2

この無名の人物の選択はあまりにも特異なものであって、原意に忠実な選択であるとも原意を裏切った選択であるとも正確には定義しえない。事実を述べておくなら、「ヒュレー」という語は、『ティマイオス』のなかでは、ただ一回、カルキディウスが翻訳した部分には属さない一節 (六九A) に、これからあつかわれる予定の論点を比喩的に指し示すために出てくる (《さて、いまや大工の前に材木が準備されているように（oia tektosin emin hyle）、わたしたちの前には二種類の原因が準備されている》）のを除いては、登場しない。プラトンは、対話篇『ティマイオス』のなかで、弟子のアリストテレスが哲学的に専門的な意味で「ヒュレー」と呼ぶことになるものを指すために、《空間、領土、地域》を意味する語――「コーラ（chora）」――を使っている。そしてこれにカルキディウスは彼のラテン語訳でつねに「ロクス（locus）」という語をあてがっている。コーラを質料と同一視しようとしていたのはアリストテレスであって、彼は『自然学』で《プラトンは『ティマイオス』でヒュレーとコーラは同じものであると言っている》と、該当するテクストをなんら示さないままに断言している。そしてすぐあとでこれは「トポス（topos）」＝「場所」についても言えるとことわっている（《彼はトポスとコーラは同じものであると主張していた》）（アリストテレス『自然学』二〇九b一一－一六）。カルキディウスはこの間の事情をよく知っていて、一部の写本が「シルウァについて」と書き記している彼の註解の最後の部分の冒頭で、自分の翻訳を正当化しようとして、こう書くことができたのだった。《これらの物体は、それらだけでは、またそれらを受け入れる本質なしにそれら自体によっては、存在することができない。彼はその本質を或るときは「母（matrem）」と呼び、或るときは「乳母（nutricula）」と呼んでいる。またときには産み出されるものすべての「母胎（gremium）」とも呼び、しばしば「場所（locum）」と呼んでいる。後代の人たち（iuniores）はそれをヒュレー（hyle）と呼んでいたが、わたしたちは「シルウァ」と呼ぶ（nos silvam vocamus）》（Calcidius, p. 562）（「後代の人たち」とはカルキディウスよりも前に登場していたプラトン派の哲学者たちのことで、カルキディウスは彼らの言うことを自分は信用していないと何度も述べている）。質料についてのプラトンのこの用語一覧のなかには「必然性」もあって、これについてもカルキディウスは数頁前で《プラトンは「必然性（necessitas）」という語によってヒュレーのことを指示している。これをわたしたちはラテン語で「シルウァ」と名づけることができる（quam nos Latine silvam possumus nominare）》と書いている（Ibid., p. 554）。さらにもっと前では、大地は神々のなかで最も古いと言われている対話篇（『ティマイオス』）のくだりを注解したさいに、《ギリシア人がヒュレーと呼び、わたしたちがシルウァと呼んでいるカオス〔混沌〕の後に》と書いていた（Ibid., p. 344）。したがって、プラトンの質料と想定されるものをラテン語に翻訳するにあたって「シルウァ」という語が選択されたのは、なるほど恣意的ではあったが、それに劣らず巧みな考案であった。そのラテン語がもつ比喩的な意味のうちのひとつに従って、それはまさしく森のような形状をした雑多な語彙を寄せ集めてただの一語で表現してみせているのだった。

**3**　カルキディウスの選択がどの程度まで独創的であったのかを測定するためには、ラテン語はギリシア語の「ヒュレー」を哲学的な意味で用いるためにも『ティマイオス』の「コーラ」のためにも使われていた或るひとつの術語――「マーテリア（materia）」ないし「マーテリエース（materies）」――を彼に提供していたことを想起する必要がある。実際にもキケロは《プラトンは世界は永遠に存在する神によって万物をみずからのうちに受容した質料《マーテリア》から（ex materia omnia in se recipiente）作られた》と書いている（『アカデミカ』二・一一八）。そしてこれに劣らず決然とアプレイウス（『プラトンとその教説』一・五）を支持して『ティマイオス』に言及したなかで《プラトンは事物には神と質料《マーテリア》と事物の諸形相（deum et materiam rerumque formas）の三つの原理が存在すると考えている》と書いている。ところが、カルキディウスは、時と場合によってはこの術語も使っているものの（"silva et materies": Ibid., p. 331)、もし「森」という語のギリシア語〔dasos〕が有していた植物的な意味内容を完全にラテン語に移し替えるとしたなら、「質料」という新しい哲学的な呼称としてはあまりふさわしくないとおもわれるかもしれない〔「シルウァ」という〕語彙のほうを選択しているのだった。しかしまた、「シルウァ」という語は、弁論術で或る弁論の素材ないし論題となにがしか関係があるものを指すのにも使われていた。クィンティリアヌスは、ペンは《遅くても正確》でなければならないことを忘れて、あつかうべき論題をできるだけ速やかにざっと通覧し、《熱と衝動》に駆られて、準備なしに即興で（ex tempore）書いている者たちの欠点をわたしたちに報告している。そして《このような書き方を人々はシルウァ〔森〕と呼んでいる（hanc silvam vocant）》と付言している（『弁論家の教育』一〇・三）。キケロも、その〔「シルウァ」という〕語を弁論の素材の豊饒さを指すのに使っている。《思想内容はさながら広大な森である（rerum est silva magna）》（『弁論家について』三・九三）。《あらゆる豊饒さ、そしてほとんどシルウァ〔森〕と言うべきもの（omnis ubertas et quasi silva dicendi）》（『弁論家』三・一二）。樹木や藪からなる森があるように、言葉にも森がある。「シルウァ〔森〕」という語のもつこれらの多様な意味を無視することはカルキディウスには到底できなかったにちがいない。スタティウス〔紀元一世紀、ローマ帝政期の詩人〕が──たぶん折々に触れたテーマの多様性にそれとなく言及してであろう──その詩集を『シルウァエ』と銘打っていたことをカルキディウスはたしかに知っていたことからしてである（またこの語はエウジェーニオ・モンターレの第三番目の最も完成度の高い詩集『スコールその他一篇』〔一九五六年〕にもひとつのセクションのタイトルとして登場する）。いずれにしても、ラテンの人たちの耳は、「シルウァ」という言葉のうちに、古代世界の終焉がプラトンのものだと偽って中世に伝達していた新しい質料概念に捧げられた豊饒さと不分明さと分厚さを感知していたのだった。

**4**　カルキディウスが「シルウァ」という「森」を指す語を選択したことは、八世紀後、シャルトルのプラトン主義者たちの学派のなかでひとりの意外な追従者を見いだすことになった。学派のうちでも最も特異な人物の一人であるその人物は──彼の生涯については、カルキディウスについてと同様、わたしたちにはごくわずかしかわかっていないのだが──『ティマイオス』のラテン語訳に出てくる「シルウァ」という言葉によほど魅了されたとみえて、ベルナルドゥス・シルウェストリスという自分の名前自体をそこから採用する決心をしている。「シルウェストリス」とは「質料の」の謂にほかならないのである。ベルナルドゥスは、哲学者であると同時に詩人でもあって、ソポクレスの『オイディプス王』のカタルシス的改作とでも称すべき『マテーマティクス〔占星術師〕』という悲劇作品を書いたりもしているが、『ティマイオス』と同様、宇宙の起源と構造を問うた、『コスモグラフィア〔宇宙形状誌〕』あるいは『宇宙の森羅万象について』と題された韻文形式と散文形式とが交互に入れ替わる著作を書いたことで知られる。詩人としても哲学者としても、ベルナルドゥスはフィグーラ（figura 文彩）もしくはインウォルークルム（involucrum 包み）の詩学なるものを口にしている。そしてそれを二種類に区分している。《神の頁》にかかわるアレゴリーと、インテグメントゥム（integumentum）、「覆い」あるいは「変装」の二種類であって、後者は《真なるものを不分明な文彩で隠蔽する》哲学に固有の形式である（Bernardus, pp. 554–555）。このため、彼はもろもろの哲学的概念を人物に変装するのであって、そのうちの最初の人物がまさしくシルウァ〔質料〕なのである。そしてシルウァは他の人物たち――ナートゥーラ〔自然〕、ヌース〔理性〕、フュシス〔自然〕、プローウィデンティア〔神意〕――とは異なって、全巻をつうじて沈黙したままでいる。その一方で、他の人物たちはシルウァについて語ることしかしない。シルウァについては、ベルナルドゥスにとってはとりわけその曖昧さと過剰さを強調することが肝要なのだった。シルウァは《形なき混沌、争いに満ちた集合（concretio pugnax）、色なき実体の面持ち（discolor usiae vultus）、自身と不調和な塊（sibi dissona massa）、濁った混合物》であるが、同時に、《尽きることのない生成の母胎、諸形態の最初の基体、諸物体の質料、実体の基礎》である。ヌースは形なきもののうちに秩序を設けるためにはシルウァの悪（malum Silvae）に打ち勝たなければならない。が、しかしまた、《シルウァには、小さからざる栄誉と恩寵とがふさわしいはずである。というのも、彼女は、その広大な母胎に、宇宙を生成する諸原理をばらばらに散らばったまま、あたかも揺り籠の中にいるかのようにして含んでいるからである。その揺り籠の中では生まれたばかりの宇宙が泣き声を上げて、もっと均斉のとれた衣が欲しいと叫んでいる》（Ibid., p. 463）。そしてついに混沌がひとたび鎮められるやいなや、森は《宇宙というその真の名で》呼ばれ、諸事物の光り輝く像へと整えられることができるようになるのである。

この曖昧さのひとつの反響は、十中八九まちがいなく、カルキディウスのシルヴァの最も著名な後裔、すなわち、ダンテの「森」のうちに見いだされる。実際にも、地上の楽園の《太古の森》は、文字どおりには無名の著者〔カルキディウス〕の《もっと古い森》（unam quandam antiquiorem communem omnium silvam）（Calcidius, p. 289）を想い起こさせる。しかし、詩人〔ダンテ〕が『神曲』の冒頭でそこに居るのが見いだされる《暗い森》が——ダンテが倦むことなく示唆しているように——《人間の根っこが無垢であった》エデンの森にほかならないことからして、ダンテが迷いこんだ森はとりわけ質料の森であり、しかしまた、ひとたび人間の理性が浄められると（「煉獄篇」第二十七歌一四〇行——《おまえの意志は自由で、直《なお》くて、健やかだ》）、その原初の無垢さにまで、踊る恋した少女によって象徴されうる地点にまで送り返される。その少女の名前マテルダ（Matelda）の最初の四文字は質料（materia）の最初の四文字と一致する。質料は、罪の暗い森であると同時に《爽やかな緑濃い神の森》でもあって、その森の中で人類はその自然的な正義を見つけ出すことができるのである。

ℵ　カルキディウスはキリスト教徒であったという通説（Waszink, pp. XI–XII; Calcidius, p. XXXI）は訂正しておくのがよい。カルキディウスは、指摘されてきたように、新約聖書とキリスト教徒の著作家たちの書いたものは一度も引用していない。その一方で、ヘブライ文化と旧約聖書には精通していたことを示していて、旧約聖書を七十人訳に従って引用しているだけでなく、たしかに異例なことにも、アクイラ版とシュンマコス版からも引用している（Calcidius, p. 567）。シリウス星の否定的影響について《人間の救済と死すべきもののために降臨する尊い神》の誕生を予告する星という福音書の挿話（ヒストリア）を漠然と出典を引用することなしに想起している唯一のくだりでは、カルキディウスはこの話に親しく通じていたのは『ティマイオス』のラテン語訳を依頼したオシウスであって、自分ではないと述べている。《これらのことは他の人より、あなたがずっとよくご存じである》（Ibid., p. 348）。もしカルキディウスが自分がキリスト教の信徒であることを証言しようとしていたのであれば、「わたしたちはこれらのことを知っている」といったタイプの文言を使うこともできたはずである。ところが、ここでキリスト教徒の依頼主オシウスの名を意外にも挙げているのは、自分がキリスト教には無縁であると宣言する、控え目な、しかしながら明確なやり方なのだった。カルキディウスは、彼の名前が証言しているように、カルキスのユダヤ人共同体の出身だった可能性がある。そこにはギリシア語を話すユダヤ人共同体が存在していたことがさまざまな証言によって立証されている。

**5**　プラトンがコーラの身分を叡知的なものと感性的なものと並ぶ存在の《第三の類》と定義している対話篇『ティマイオス』の決定的な時点に到達すると、カルキディウスは《なにか精神の驚くべき表現力のようなもの（mira quadam animi conceptione）》（Ibid., p. 670）を前にしていることに気づく。そこでは、著者プラトンの《精神の（というよりは心の）高さ（altitudo pectoris）》が彼が考えていたことを――あるいはむしろ疑っていたことを、短い言葉で（brevi elocutione）表現しているのである。疑っていたというのは、質料については臆測するしか可能ではないからである（カルキディウスはここで「疑う」という語を二回使っている）。註解者〔カルキディウス〕はティマイオスがコーラの特殊性を要約している《感覚が欠如しているなかで触れられる（met'anaisthesias apton）》という問題的な言い回しを《それ自身は触れる人の感覚なしに触れられる（ipsum sine sensu tangentis tangitur）》といささか無理をして翻訳したうえで、ほぼ二頁にわたって立ち止まって考察している。註解者は言う、知覚とは、確実で限定されたもの、すなわち形と性質をもったものについての知覚であるのにたいして、質料はなにか無限定なものであって、形と形状を欠いている。ひいては、質料については感覚によって表象することはできず、まさしく「感覚なしに」表象しうるにすぎない、と。《それでも――ここでカルキディウスの舌は繊細さを最高度に高めあげる――もし接触をともなわない微弱な感触のようなものがつくり出されるなら（fit tamen evanida quaedam eius attrectatio sine contagio）》（Ibid.）、そこでわたしたちが触れるのは質料自身ではなく、質料の中にある物体なのだが、《それらの物体はひとたび感覚されると、質料自身が感覚されているような臆測をわたしたちのうちに生じさせる（quae cum sentiuntur, suspicio nascitur iopsam sentiri）》。質料の知覚は曖昧でしかありえず、感覚ではなく、コンセンスス（consensus）、もろもろの物体の明確な感覚作用に随伴する感覚作用なのである。このため、《質料にかかわる事物は知覚される一方で、質料そのものはみずからの本性上けっして知覚されることはないのに、質料にかかわる事物とともに質料自体も知覚されるようにおもわれるものだから、かくては不確実な感覚が生じ、質料は「触れる人の感覚なしに触れられる」とみごとな仕方で言われることとなったのである》(Ibid.)。こうしてここで《だれかが暗闇を感覚なしでも見ると言うとしたなら、その場合と同じようなことが(ut si quis dicat tenebras quoque sine sensu videri)起きることとなる。実際にも、暗闇の中で見る人の視覚は、色が付いた明るいものを通常見るときと同様に感覚するのではなく、むしろ反対に、目に見えるすべてのものが失われ欠乏した状態で感覚する。暗闇には色がなく、明かりに照らされることもないからである。そして視覚は暗闇のなんらかの性質を知覚することはできず、それが事物の何であるかよりもむしろ、何でないかを臆測(suspicari)できるにすぎない。そして何も見ていないので、視覚には自分が見ていないものを見ているようにみえ(videtur videre quod non videt)、何も見ていないにもかかわらず、何ものかを見ているとおもうのである。実際にも、暗闇の中での視覚とは何なのだろうか。［……］同じようにして、質料もまた触れられる(contigua)ようにみえる。なぜなら、第一義的に触れられるものが五官のもとにやってくるとき、ひとはそれに触れている(contingi)とおもうからである。しかし、質料との接触は付帯的に、ひいては感覚なしに起こる。というのも、質料そのものは、それ自体としては触覚によっても他のいかなる感覚によっても知覚されえないからである》(Ibid., p. 262)。

質料の「臆測」と暗闇の中の視覚との比較はプロティノスに由来する。プロティノスは、『ティマイオス』の問題のくだりを注釈したさい、不分明さを質料の知覚によるものとして、こう書いている。《この魂の無限定さは何なのか。知識がないか言葉を失念してしまったということなのか。いや、そうではない。無限定さは或る積極的な言論のうちに（en katafasei tini）根ざしている。そして目にとっては暗闇は目に見えるあらゆる色の質料であるように、魂は、可感的な事物からいわばあらゆる光を奪い去り、もはや残っているものを定義することができなくなることで、暗闇に向かったときになんらかの仕方でその混濁した視覚の対象と一体化するにいたった目の状態のうちにあることとなる》（『エンネアデス』二・四・一〇）。プロティノスのテクスト（これに校訂者のポルピュリオスが「二つの質料について」というタイトルを付けていたのは偶然ではない）に準拠し、独自の仕方で単純化しながら、カルキディウスは、言表しえないものの知識を――あるいはむしろ知識のなさ（プロティノスは「アノイア（anoia）」および「アパシア（aphasia）」という語を使っている）を――描写することが問題になるたびに神秘主義的な伝統が一貫して持ち出してきたイメージをつうじて、プラトンの語法の註解をおこなってきたのだった。しかしまた、ことによると、ティマイオスの言葉はさほど謎めいてはいなかったのではないだろうか。そしてカルキディウスという無名の著者の闇に包まれたメタファーはプラトンの対話篇『ティマイオス』のたしかに決定的なくだりの解釈を誤らせつづけるのに寄与してきたのではなかったか。それゆえ、一から解釈しなおす必要があるのである。

# 第二章　コーラ

I　『ティマイオス』におけるコーラの問題は少なくとも不分明であるというのは、古代の解釈者たちも近代の解釈者たちも倦むことなく想い起こさせつづけている決まり文句である。そのうえ、そのような判断はどうやらプラトン自身によって裏書きされているようで、彼はコーラを《難解で不確実な種類のもの（kalepon kai amydron eidos）》（プラトン『ティマイオス』四九A）と定義している。そしてティマイオスに——《言論はそれが解釈する事物と同族で（syggeneis）ある》（二九B）ことからして——陳述の不分明さと一貫性のなさとはそれが取り組むテーマの特性によって正当化できるようにおもわれるとの奇妙な理論を披瀝させている。しかしまた、不分明さも《書き方の術》の補完部分であって、一見して謎めいてみえる言論も或るひとつの完全に明確な意味を隠していることがありうることを忘れないでおくのがよいだろう。実際にも、問題のくだりをもっと注意深く読んでみると、プラトンの秘教めいた物言いはここでは曖昧模糊さの正当化に解消されるものではなく、これとはまさに反対に、ティマイオスが採用することを選んだ特別の陳述形式は最大限可能な明確さを許容する陳述形式であることがわかる。ティマイオスはまず言論の二つの種類を区別する。叡知的なもののパラデイグマ（範型）にかんして論じる第一の言論は、不動（monimos, akinetos）で確固とした（bebaios）ものとしてあるべきだろうが、これにたいして、似像にかかわる第二の言論は、真実らしく見える（eikotas）ものとしてあるべきだろう——対応関係は eikonos, eikotas という頭韻法によって強調されている。“ontos de eikonos, eikotas ana logon te ekeinon ontas” ＝《それは似像であるので、それらも類比関係によって似像的なもの、もしくは真実らしく見えるものであることになるだろう》（二九C）——。そしてもし第二の言論が第一の言論のように《論駁しえない》ものではありえないとするなら、それでもなお、それはその意味内容を最も説得力のある仕方で伝えることになるだろう。これはティマイオスが《しかし、もしわたしたちがそれでもなお（medenos etton）真実らしく見える言論を提供できるなら、それで事足れりとすべきである》（二九D）とことわっているとおりである。対立を力強く印しづけている“medenos etton” ＝「それでもなお」という文言は、コーラの陳述に移行する時点でもはっきりと繰り返し登場するだけに、なおさら意義深い。《最初に言ったこと、すなわち、真実らしく見える言論の力に忠実でありつづけつつ、それぞれのことについてもすべてのことについても、それでもなお、いやいっそう、真実らしく見える（medenos etton eikota, mallon de）話をするように努めよう》（四八D）。カルキディウスにまでさかのぼる註解の伝統が不用意にも反復しつづけているように、何ものかが存在することにかんしてよりはむしろ存在しないことにかんして暗闇の中で推測することを含意しているどころか、ティマイオスの方法論的前提は、その対象と両立しうるような仕方で、最大限の明瞭さを要請する。避けがたい不分明さを認可するためにかくもしばしば引用される《難解で不確実な種類のもの（kalepon kai amydron eidos）》という文言は（だが、“amydron”は「不分明な」という意味ではなく、「区別するのがむずかしい」あるいは「読むのがむずかしい」という意味である。“amydra”＝「判読できない」のはなによりも“grammata”＝「文字」なのだ）、この要請の展望のもとに送り返された場合にのみ、その真の意味を獲得するのである。《いまや話（logos）が難解で不確実な種類のものを言葉で（logois）はっきりさせる（enphanisai）ことを強いているようにみえる》（四九A）。

ℵ　そのうえ、ティマイオスが叡知的なもののパラデイグマを定義するさいに挙げている属性は、必ずしも肯定的なものではない。“akinetos”＝「不動の」は、『ソピステス』では、外国人によってパルメニデス的な存在の不動性を嘲笑するために使われている。《それが知性と生命と魂をもっていながら、——魂を内にもつものであるのに——まったく不動のまま静止している（akinetos…… estanai）ということは？》（二四九A）。言論の二つの種類の区別が位階的な関係を意味するものでないことは、『ティマイオス』のその直後のくだりからも立証される。似像にかんする言論は類比関係によって似像に近いものだろうと主張したあとで、ティマイオスは《実在（「在る」）の生成（「成る」）にたいする関係は、真理の確信にたいする関係に等しい（otipter pros genesin ousia, touto pros pistin aletheia）》（二九C）と付け加えている。この主張の意味はそれがそこからの部分的な引用で構成されている『ポリテイア』の一節（五三三E）と関連づけたなら明らかになる。プラトンはここで問答法において最高潮に達する認識の諸形式の理論を建設しつつある。彼は問答法を知識と呼びつつ、これから幾何学やそれに近い諸学科をディアノイア（dianoia 媒介的認識）という名によって区別し、これらから確信または信念（pistis）と似像的知覚（eikasia）を区別する。そしてこう付言している。《後の二つを合わせて臆見（doxa）と呼び、前の二つを合わせて知性のはたらき（noesis）と呼ぶことにしよう。実在（ousiai）の生成（genesis）にたいする関係は、知性のはたらき（noesis）の臆見（doxa）にたいする関係に等しい。そして知性のはたらきの臆見にたいする関係は、知識（episteme）の確信（pistis）にたいする関係、およびディアノイア的認識の似像的知覚にたいする関係に等しい》。こうして「ピスティス（pistis）」は「ノエーシス（noesis）」の領域において「エピステーメー（episteme）」に属するのと同じ権限のランクを「ドクサ（doxa）」の領域において占めるようになるとの正当な指摘がなされてきた（Taglia, p. 159; Stocks, p. 79）。問答法をつうじての知性のはたらきが実在を把捉しうる唯一のはたらきであるとするなら、ソクラテスの陳述が狙っているのは或るひとつの位階秩序を確立することではなく、認識の諸様態が混乱し、『ポリテイア』五三四Cにあるように、知識の対象でのみありうる善のイデアを臆見によって捉まえようとするようなことになるのを回避することなのだ。『ティマイオス』では、認識の二つの形態、叡知的なものの形態と感覚的なものの形態のあいだの並行関係は、さらにいっそう歴然としている。両者は明確に区別されているが、位階的に秩序づけられてはいないのである。真実有もしくは実在（ousia）の生成にたいする関係は真理の確信（pistis）にたいする関係に等しいというテーゼは、この意味において読まれなければならない。また、もろもろの確信はそれらに固有の領域においてそれなりに《確実で真なるもの》であると、宇宙の魂について躊躇なく言われている。《生成するものが感覚の対象に関わって産み出されるとき［……］、そのときには、確実で真なるものである臆見と確信が生じる。その一方で、推理の対象に関わって産み出されるときには［……］、知性と知識（nous episteme te）が完成の域に達する》（三七B－C）。この観点に立つなら、近代は、デカルトを筆頭に、確実性と知識が感覚的世界の認識とは疎遠な領域に移し換えられるときに始まる、ということができる。

ℵ　プラトンのコーラの学説についての読解は、ここ二、三十年来、一九八七年に発表されたデリダの同名の論考に影響されてきたが、この論考が格別興味深いのは、著者が馴染みの所作によって、そのコーラという語を『ティマイオス』の鋭い註解を提供するためではなく、あるいは提供するためだけではなく、自分の思想のひとつの明澄な自己解釈を提供するために利用しているからである。『ティマイオス』においてコーラが受けとっているもろもろの名は《ひとつの本質、ひとつのエイドス（eidos）の安定した存在を指し示しているわけではない。というのも、コーラはエイドスの領界に属しているのでもなければ、コーラのうちにみずからを刻印しにやってくるエイドスの模倣素やイマージュの領界に属しているのでもないからである——かくて、それは存在しておらず、認知されたか再認知された存在の二つの種類に属してはいないのだ。それは存在しておらず、この〈存在して－いない－もの〉は、みずからを告げ知らせることしかできない。すなわち、受けとられたり捉えられたりするがままなっていることしかできない。［……］コーラは、それの上に、その主体に、その主体そのものに、みずからを書き込みにやってくるものの総体もしくは過程以外の何ものでもないが、これらすべての解釈の主体もしくは現前する支持体ではない。だからといって、これらの解釈に還元されてしまうことはないのである。［……］この支持体の不在――これは不在の支持体や支持体としての不在といったものに翻訳することはできない――は、あらゆる二項的もしくは弁証法的な限定を、あらゆる哲学的類型による、より厳密には存在論的類型による臨検を惹起すると同時にそれに抵抗する》(Derrida [1], pp. 270–273)。デリダがディフェランス（différance）あるいは痕跡のような彼の思想の基本的術語について与えている定義（というよりはむしろ描写）とのアナロジーは明らかである。《ディフェランス、痕跡、等々が言わんとしているもの――実際にはなにひとつ言わんとしていないもの――は、概念や名前や言葉「以前」のもの、なんら存在せず、もはや存在するものや、現前するものや、現在の現前するものに属さないが、不在にも属さない「何ものか」だろう》(Derrida [2], p. 542)。こうしてコーラは脱構築的方法の諸原理自体を尋常でない明確さでもって分節化することをゆるす否定的な基礎に転化する。《わたしたちはけっしてコーラのための「正しい言葉（le mot juste）」を提案しうると主張しているのでもなければ、レトリックのあらゆる迂回また迂回の彼方で、ついにそれを、それ自体を名づけうると主張しているのでもなく、最後には、あらゆる視点の外、あらゆる時間錯誤的なパースペクティヴの外で、それがそうであったということになるものに向けて、それに、それ自体に正面から向き合うことができると主張しているのですらない。転義法と時間錯誤性は不可避である。わたしたちが示したいとおもっていることのいっさいは、転義法と時間錯誤性をこのように不可避なものとしつつ、それらを偶発的な出来事や弱点や暫定的な瞬間とは別のものにする、そのような構造のことなのである。この構造的な法則は、『ティマイオス』についての解釈史全体によって、そのようなものとしてはアプローチされたことはなかったようにおもわれる》(Derrida [1], p. 268)。

この「構造的な法則」が著者の方法と合致するということは、著者が慎重に示唆しているようにみえるとおりである。実在する指示対象を奪われた(privé de référent réel)名前(Derrida [1], p. 268)に転化することで、コーラという術語はプラトンの対話篇のなかで感覚的な宇宙の起源を説明するために展開している機能から切り離されて、あらゆる脱構築的実践の可能性の条件に変容する。脱構築が転義法と時間錯誤性をともなって存在するのは、コーラが存在するからだと言うことができるのかもしれない。コーラという概念ならざる存在は、ギリシア哲学の伝統にたいして、まさしく、ディフェランス、痕跡、間隔化(espacement)が脱構築において占めているような位置を占めている。こうしてデリダは、自分の《解釈不可能なコーラの解釈》は自分がギリシア哲学について思考しようときわめて忠実に努めてきたことと合致する、と書くことができているのである(Derrida [3], p. 273)。したがって、コーラという名前がまさしく一九六八年の論考――「プラトンのパルマケイアー」――において最初に登場するとしても、なんら偶然ではない。そのなかでデリダは彼の根源的代補の理論をプラトンの読解から出発して練りあげているのである。指摘されてきたように(Regazzoni, p. 34)、デリダの論考「コーラ」のなかで提示されている『ティマイオス』の読解はこの意味では否定神学と近接した関係にあり、解釈の伝統がその対話篇には不分明さが付きまとっているとしてきたのを否定するのには役立ってこなかったのだった。

**2**　このような次第で『ティマイオス』はもはや、ジェロラモ・カルダーノ（一五〇一―一五七六）の底意地の悪い定式（『魂の不死性について』（一五四五年）参照）に従って、《プラトンのうちでも最も意味不明な本》であって《キケロの黄金の舌ですら読みうるものにすることに成功できないでいる》とは見なしえないのであってみれば、それだけいっそう注意深く、綿密な陳述とテクストで選択されている用語に細部にわたって付き従い、その戦略的な含意のすべてをつかみ取ることに努めるべきだろう。取り組むべき最初の問題は、プラトンが自分の定義しようとしている《難解で不確実な種類のもの》を「コーラ」というたしかに問題含みの術語によって呼ぶ決断をしていることである。アリストテレスに始まって、長い注釈の伝統が一貫して質料をコーラと同一視してきた――そしてコーラを場所、トポスと同一視してきた（アリストテレス『自然学』二〇九b一一―一六）――だけに、その問いはなおさらデリケートなものになっている。もしプロティノスにとっては質料とコーラとが同一であるかどうかはどうでもよいことであって、コーラにかんする彼の分析をなんのためらいもなく論考「二つの質料について」のなかに書きこむことができたほどであったとするなら、二十世紀においてもなお、ギリシア思想の最良の精通者の一人、カルロ・ディアーノ（一九〇二―一九七四）は、『ティマイオス』についての彼の格別に鋭い読解を「プラトンにおける質料の学説」と題することができているのだった。古代の註解者たちがプラトンにおける用語の選択を問うたとき、彼らはプラトンは語彙をメタフォリカルに（metaphorikos）使うかアナロジーによって（kata analogian）使っていたと答えて済ませていた。そして、その一方で、プラトンが規定しないままにしていた場所のほうはまさしく質料がおこなっているようにもろもろの物体を受け入れているのだと答えていた（シンプリキオス『自然学註解』五四〇、二二一–二二九。シンプリキオスはメタファーについては語っていないが、場所と質料とのあいだには現実に隣接的な関係が存在すると強調している）。

実のところ、ティマイオスがコーラの性質をはっきりさせようとして用いている他のもろもろの名前はアナロジーの存在を確認しているようにみえる。この《第三の種類》あるいは原理は――《つねに同一で不変である》叡知的なものと《変成し可視的である》感性的なものと並んで――なによりもまずもっては《隠れ家もしくは避難所（hypodoche）》（四九A六）であると定義されている（“hypodoche”は、それがそこから派生した動詞“dechomai”と同じく、歓待を意味する語彙に属する。そしてトゥキュディデスはその語を逃亡奴隷に提供される避難所を指すために使っている）。さらにはまた《すべての物体を受け入れるもの（ta panta dechomenos somata）》（五〇B五）もしくは《すべての類を受け入れるもの（to ta panta ekdechomenon en autoi gene）》（五〇E五）と定義されている。このために、それは母に同一化させられている（proseikasai to men dechomenon metri）（五〇D二）。しかし、それよりも前に乳母（tithene）に同一化させられている（四九A六）（そこでは、その語は“hypodoche”に接近させられている。第三の種類は喜んで受け入れ養育するのである）。さらにいっそう有無を言わせぬ力をもっているようにみえるのは、コーラが刻印された蠟板のようなもの（ekmageion）になぞらえられているくだり（五〇B–C）での質料とのアナロジーである。《もし或る人が黄金からありとあらゆる形を作りあげ、それぞれの形を他の形に作り変えるのをやめなかったとする。そしてだれかがその形づくられたものの一つを指して、それは一体何かとたずねたとしたら、黄金である、と答えるのが、はるかに最も安全だろう。［……］同じことが、すべての物体を受け入れるものにも当てはまる。それはいつも同じである、と言う必要があるのだ。実際にも、それはそれが潜在させている力（dynamis）をなにひとつ失うことはなく、すべてのものをつねに受け入れるけれども、そこに入ってくるどんなものとも似た形をとることはけっしてない。すなわち、それは本性からしてあらゆるものにとって刻印された蠟板のようなものとして横たわって（keitai）いて、そこに貫入してくるものによって動かされ形を変えるために、いつも違った外観を呈しているようにみえるのである》。

まさしくこのくだりにアリストテレスは、プラトンはコーラを質料と同一視していたという、さもなければ正当化されえなかっただろう彼の主張を——《下に横たわるもの（hypokeimenon）》としてのヒュレーという彼の定義もそうであるように——根拠づけていたというのはありうることである。いずれにしても、近代の解釈者たちがコーラの空間性のうちになにか質料に似たものを見てとっているのは注目される。《空間的な媒体（コーラ）は「そのなかでもろもろの現象が出現するところのもの」であると同時に「それでもってもろもろの現象が構成されるところのもの」であって、コーラという語が曖昧であるのは、それの構成的な側面と空間的な側面とが区別されないでいることの結果である》と或るプラトニズムの鋭い研究者は書いている（Brisson, pp. 218 seqq.）（これは、プロクロスが『ティマイオス』への註解のなかでくだしている、質料は場所であると同時に構成要素であるという判断、すなわち、《そこから（ex ou）やってきたもの》であると同時に《そのなかにおいて（en oi）存在するもの》であるという判断（『ティマイオス註解』一・三五七・一三―一四）をほぼ同じ言葉で反復したものである）。

こんなにも明白な類比関係がプラトンの目から逃れるということがありえただろうか、と自問した批評家たちがいなかったのは奇妙である。プラトンは質料の意味でのヒュレーという語を知らないでいたというのが通説になっている。しかしながら、『ティマイオス』にただ一回登場するヒュレーが「材料」という一般的な意味をもちうるだけでなく（「テクトン（tekton）」とは大工や指物師だけでなく、もっと一般的に、金属の加工に携わる者以外のいかなる職人をも指している）、フリードリヒ・アスト（一七七八―一八四一）の『プラトン用語集』や、もっと新しいエドゥアール・デ・プラス（一九〇〇―二〇〇〇）のものを調べてみただけでも、質料という意味が森および木材という意味と並んでつねに列挙されていることがわかる（アストでは六回、デ・プラスでは三回出てくる）。『ピレボス』五四C二に出てくる《薬とか道具類のすべてやあらゆる種類の材料（pasan hyle）が生成のために用意されている》というくだりがすでになんの疑いも残していないようにみえるとするなら、『法律』七〇五C一ではプラトンは「木材もしくは建設材料」という意味でのヒュレーという語を意図的にコーラおよびトポスに接近させ、両者の近さと同時に違いを合図しようとしているかにみえる。《どんな造船材料（naupegesimes hyles）をわたしたちの領土の場所（o topos emin tes choras）は供給しているのでしょうか》。

まさしく、プラトンはたぶん二つ（あるいは「トポス」も含めるなら三つ）の語のあいだにアナロジーが存在することに気づいていながらも、断固としてそのうちの一つだけを選択しているのだから、文献学的観点からなによりもまずもって配慮すべきであるのは、それらが意味論的に実質上一致していることを確認するにとどめるのではなく、むしろ、この選択の理由を問うことなのではないだろうか。もしプラトンがプロクロスの判断を否定して《そのなかにおいて（en oi）存在するもの》だけを特権視していたのだとしたなら——《そのなかにおいて（en oi）生成するすべてのものが姿を現わしてはふたたび打ち壊されるもの》（四九E七）、《そのなかにおいて（en hoi）何ものかがそこから（ek hou）やってくるものにたいして産み出され、さらにはコーラの「そのなかにおいて存在するもの」を場所のそれから区別してしまっているもの》（五〇D七）——、これらの語彙のプラトンにおける用法について注意深く考察することだけが、アリストテレスが近代に伝えてきた伝統のなかでそれらが同一視されてきたのを一から捉え直すことをゆるしてくれるだろう。

ℵ　アリストテレスの解釈をプラトンの対話篇『ティマイオス』のテクスト自体の上に投影しようとする習性の根強さたるや、古今の少なからぬ『ティマイオス』読解が現実にはアリストテレス『自然学』二〇九b一六と三三－三五の事細かな注釈に解消されてしまっているほどなのだ。そしてそれらのくだりに含まれている二つのテーゼをまるでそれらがプラトンの言葉であるかのように分析しているのである。それらのくだりで、アリストテレスは、一方では、《プラトンは『ティマイオス』においてヒュレーとコーラを同じものであると言っている》と主張しており、他方では、《いわゆる不文の教説のなかで（en tois legomenois agraphois dogmasin）》プラトンはコーラを《受容するもの（metaleptikon)》と呼んでいて、それを《大と小の対または質料と》同一視していたと主張している。このアリストテレスの証言の無批判な受容ぶりたるや（古代の註解者たちの場合には驚くほどのことでもないのかもしれないが、近代の註解者たちまでもが無批判に受け入れているとは驚きの外ない）、不文の教説なるものが「善について」であったとでもいうかのようにして引用され（cf. Happ, passim.）、ヒュレーという語がすでにプラトンのアカデメイアにおいて（プラトン自身ではないまでも弟子のスペウシッポスの口をとおして）流布していたのか、それとも、アリストテレスの創案になるものであったのかが、ヒュレーとコーラという二つの概念が等価であるということが解決済みのものになってしまっているという事実を考慮しないままに問われているほどなのだ。このような状況のもとでは、アリストテレスは『ティマイオス』の学説に恣意的に言及していることからして（ヒュレーとコーラが同一のものであるとは『ティマイオス』のどの箇所でも言われていない）、不文の教説にかんする彼の証言も信用できないという、ハロルド・フレドリック・チェルニス（一九〇四－一九八七。アメリカ合州国の古典学者）の（『初期アカデメイアの謎』（一九四五年）における）忠告を受け入れないわけにいかない。

シンプリキオスとピロポノスの『自然学』註解に含まれている主張はアリストテレスのテーゼを反復することしかしていないのだから、おそらく注意深く考察されてよい唯一のテクストは、シンプリキオスがプラトンの哲学にかんするデルキュリデスの本から引用している「プラトンの盟友(tou Platonos etairou)」ヘルモドロスのテクストである。しかし、ここでも、プラトンはヒュレーを多寡を許容する事物から出発して説明したと主張しているデルキュリデスの序言をヘルモドロスの言葉そのものから区別する必要がある。ヘルモドロスは『ティマイオス』を明示的には引用しておらず、不動で安定した、それ自体で（kath' auta）言われる存在者を、つねに多寡と対立を含意している、他のものに向けて（pro hetera）言われる存在者に対置するにとどめている。しかしながら、形のないものとか不安定なものといった、コーラに言及したものとみなしうる語を使っている、ヘルモドロスの最後のくだりも、明らかにアリストテレス由来の言葉を使って、それは《存在の否定に従って存在しないと言われる》と断言しているのである（Simplicios, pp. 247–248）。

同じことはテオプラストスの『形而上学』のくだりについても言える。そこには、プラトンとピュタゴラス派の者たちは一者と無限定の対とのあいだに一種の対立が存在していて、《無制限なものや無秩序なものやいわばあらゆる形態の欠如（to apeiron kai to atakton kai pasa os eipein amorphia）》が見いだされることを認めているとの記述がみえる。そのうえで、それなしには《全体の自然はありえなかっただろう》だけでなく、《それは一者の位階に優越するとまでは言わないにしても等しい》との説明がなされている（Theophrastos, pp. 21–22）。『ティマイオス』を読むにあたってこのくだりに留意することはたしかにゆるされるが、それはあくまでこのくだりが含んでいる解釈をプラトンの言葉そのものと混同しないという条件のもとにおいてでしかない。

**3**　ジャン＝フランソワ・プラドー〔一九六九－〕は、十分な資料に裏づけられた研究のなかで、ギリシア語における、そしてとりわけプラトンの用法における「コーラ」と「トポス」の違いを分析している。プラドーによると、「コーラ」はギリシア語ではまずもって《或る事物が占拠しており、動くことによって開け放す空間》を指しているが、《或る政治的共同体の領土、都市を取り囲んでいて、その土地に人々が住んで耕作している地域》をも指している（Pradeau, p. 375）。『ティマイオス』におけるその語の機能を理解したいとおもうなら（そこでは十二回登場する）、この――地理的なものであると同時に政治的なものである――二重の指示内容と、それと「トポス」との違い（こちらのほうは三十一回登場する）を忘れないでおくことだという。プラドーは指摘している。

《「トポス」はつねに或る物体がそこに見いだされるか置かれている場所を指している。そして場所は物体の構成のあり方から、すなわちその運動からも、切り離せない。しかし、あらゆる感性的なものは、定義からして、或る場所を、みずからの機能を行使しみずからの本性を保持する独自の座を所有しているということを説明するときには、プラトンは「コーラ」という語を使っている。こうして、トポスからコーラへの、物体の説明と記述から感性的なものの公準と定義への移行がなされる。「コーラ」という語の使用が欠かせないものに転化するのは、プラトンが彼の関係的な場所の理論を定式化するときである。この関係的な場所はすべての場所のあいだでも考察の対象となる物体の基本的な本性にふさわしい固有の場所を区別することへと彼を導いていくのであって、感性的な事物の、そして（或る「座」を所有するという）なんらかの役割をもつ物体の、定義そのもののなかに挿入された場合にのみ意味をもつ。このようにして関係的な物理的場所はこの場所化を根拠づけている存在論的特性から区別される。この必然的な場所化を表現するために、プラトンは「コーラ」という語に訴えるのであって、この語はまさしく或る主体に制限され限定された拡がりが（それが都市の領土であれ、或る事物の場所であれ）属することを指し示している。都市が領土を所有しているのと同じように、どの物体も定義からして一定の座、すなわち、それがその本性に従ってみずからの機能を行使する座をもっているのである》(Ibid., p. 396)。

とりわけ注目されるのは、「コーラ」という語がしばしば「所有する、保持する、支配する」を意味する動詞と結びつけられており、このために、『ティマイオス』五二B四に《現実に存在するものはどこかに (pou) なんらかの場所を占めていて (en tini topoi)、一定のコーラ (katechon choran tiva 独自の空間もしくは領土) を所有していることが必要である》とあるように、たんなる場所化に対置されていることとである。トポスとコーラの違いはわたしたちがさきに引用した『法律』の一節（七〇五C一）でも強調されている。そこには、プラドーはなぜか検証することをしていないが、"ho topos emin tes choras"、すなわち、《わたしたちが所属する領土（コーラ）の地理的な場所（トポス）》という語句がみえる。ともあれ、ここからつぎのようなプラドーのさらなる結論が出てくる。《これだけの正確化をほどこしておけば『ティマイオス』における「コーラ」という語の指示内容を説明するためには十分であり、プラトンがトポスとコーラのあいだにまずもっては地理的側面と政治的側面のもとで作動させている区別を解く鍵を供給してくれる。そのときには、或る事物（たとえば温暖な風土の地域にある特定の都市）が位置している地域＝トポスが或る個別的な都市の所有する領土＝コーラから区別される（コーラはこの都市の所有する固有の領土を指す）。さらに、自然学の分野において、さまざまな物体の運動と場所化を描写するさい、プラトンは、或る物体が運動するのに応じてそこにいるのが見いだされるさまざまに異なる場所を、或る物体が占拠している座から、それに固有の座から区別している》(Ibid., p. 393)。

二つの概念の区別にかんするプラドーの考察を取りあげなおし修正をほどこすなら、わたしたちはそれらの考察を以下のようなパラダイム的対立、すなわち、場所化／領土性、地理的個別化／政治的所属、地誌的実在／実存的実在へと要約することができる。

**4** おそらくプラドーが哲学的意味におけるコーラの定義に最も接近している箇所は、コーラを《場所化を根拠づけている存在論的特性》として《関係的な物理的場所》としてのトポスから区別している箇所である。しかしまた、プラトンがコーラをいわば客観的に他の二つの原理——叡知的なものと感性的なもの——から区別したあと、その認識可能性の様式をつうじてそれをそれら二つの原理にたいして定義しようとするさいのもうひとつの特徴の解釈と前もって照合しておかないかぎり、そのアンティノミーの哲学的意味を完全につかみとることはできないというのも確かである。第一の種類——《不変で、産み出されたものではなく、不死の》叡知的なもの——は感覚することができず(anaistheton)、思考によってのみ認識しうること、そして第二の種類——《産み出されて、つねに運動している》感性的なもの——は感覚の働きによって(met'aistheseos)知覚しうることをはっきりさせたのち、プラトンは第三の種類は《一種の偽物の推理によって（logismoi tini nothoi）、感覚の働きが欠如しているなかで（met' anaisthesias）捉えることができる》（五二B二）と主張している。すべての解釈者は「偽物の推理」には止目してきた。そしてそれが偽物の推理であるのは叡知的なものでも感性的なものでもないからにほかならないのだが、その一方で、カルキディウスを驚嘆させていた後者の「感覚の働きが欠如しているなかで（met' anaisthesias）」という表現のほうは総じて問われないままになっている。近代の解釈者のなかではカルロ・ディアーノだけがこの言い回しがパラドクス的な性格を有していると指摘している。そして正当にも、なぜプラトンは「感覚の働きが欠如しているなかで（met' anaisthesias）」と書いて、単純に「感覚の働きなしに（koris aistheseos）」と書かなかったのか、と自問している（Diano, p. 272）。ディアーノによると、ほとんどすべての近代の解釈者が意味もなく追従しているカルキディウスの翻訳は、道を踏み外している。というのも、それは第三の種類を第一の種類に均一化してしまっているが、こんなことは明らかになしえないことなのである。

したがって、問われているのは認識の三つの様態なのであって、その各々に存在の個別的な様態が対応しているのである。認識の三つの様態は一個の体系を形成している。第一の種類の対象は五官によっては知覚不可能であり、感覚しえない（anaistheton）。これにたいして、第二の種類の対象は感覚の働きによって（met' aistheseos）知覚しうる。その一方で、コーラは認識の二つの様態を互いに結び合わさせるのであって、いわば感覚の働きが欠如しているなかで（met' anaisthesias）、感覚が麻痺している状態をつうじて（ディアーノの言葉では《この欠如の感覚によって》）知覚される（Ibid., p. 179）。こういったことが起こりうるのは、感覚の働きがみずからを対象の欠如として感覚する場合でしかない。すなわち、自己触発（autoaffezione）をつうじてでしかない。ここでは、感覚の働きは対象を奪われ（第一の種類のように非感性的で）、第二の種類のようには感性的対象をもたないが、自分には外部の感性的対象が欠如していると知覚しながら、いわば自分が感覚麻痺状態にあるのを知覚する。コーラの認識は偽物の推理であるが、それはそれが経験するのが叡知的な実在でも感性的な対象でもなくて、自己自身の受容性であるからであり、みずからの感覚麻痺状態を被っているからにほかならない。対象のない受容性を知覚するなかで、それは純粋の認識能力、純粋の認識可能性を認識するのである。

ℵ　正当にもディアーノはプラトンのコーラを質料と呼びつつ（Ibid., p. 178）、それを現象学の〈現存在（Esserci）〉、ダーザイン（Dasein）の構造そのものと同一視している。ハイデガーが『存在と時間』においてダーザインに固有の空間性を定義している頁をこの観点のもとで読み直してみる必要がある。〈現存在〉は空間の中に存在しているのではなく、空間もカントにおけるようにその内的な意味のア・プリオーリな形式ではない。〈現存在〉はすでにつねに空間的なものであり、空間性は〈現存在〉に構成的に帰属している。《現存在を構成する世界内存在はすでにつねに空間を開示してしまっている。空間が主観のうちにあるのでもなければ、主観が世界を「あたかも」世界が一個の空間のうちに存在している「かのように」観察するのでもない。存在論的に理解された「主観」、つまりは〈現存在〉が、根源的な意味で空間的なのである。そして〈現存在〉がこの意味で空間的であるかぎりで、空間はア・プリオーリなものとしてみずからを示すのである》(Heidegger [3], p. 110)。もし空間が世界を構成しているようにみえるとするなら、《それはみずからを根本的に世界内存在として規定している〈現存在〉自身が本質的に空間的であることの結果なのである》(Ibid., p. 113)。そしてそれはダーザインの開かれそのものと一致するのである。この観点のもとでは、なぜその哲学的閲歴の最後でハイデガーが『存在と時間』において空間を時間に還元しようとしたこころみは放棄されなければならないと宣言することができたのか、その理由が了解される。晩年の書き物において〈開かれ〉――「リヒトゥング（Lichtung）」――のテーマにこだわっているのも、〈現存在〉の根源的な空間性を首尾一貫したかたちで取りあげ直したものにほかならない。

**5**　そのときには、なぜプラトンが空間性を質料および狭義の場所から区別することに意を用いていたのかがわかる。コーラにおいて問題となるのは、もろもろの事物がヒュレーから、一定の建設資材から構成されているということでもなければ、一定の場所のうちに存在しているということでもなくて、それらが「現実に存在する」とか「起こって顕わになっている」という意味でいわば「場所をもつ（aver luogo）」ということなのである。この意味では、ラテン語の“spatium”〔空間〕の語源が“patere”＝「開け放たれて伸び拡がっていること」であるというのは教訓的である。このため、或る一定の場所に存在するものは空間性と固有の拡がりをもつ。「拡がり」ということで、デカルトの「レース・エクステンサ（res extensa）」〈延長しているもの〉でもアリストテレスの「ヒュポケイメノン（hypokeimenon）」〈基体〉でもなくて、同じくそこを占拠している物体とは区別された、語源学的意味における「開け放たれて伸び拡がっていること」――外に向かっていること――を指していると解するとしてである。コーラとは開け放たれた場、“spatium”＝「間隔」、もしくは現実に存在していて場所をもつかぎりでの何ものかの権限である認識可能性なのだ。それは、それでもって対象が作られる黄金ではなくて、純粋に黄金のうちに存在していること、それの位置する場所とは区別された、位置していることなのである。この意味では、「〜のうちにあること（essere-in）」を何ものかがその中にあるものから区別する必要がある。「ヒュポドケー（hypodoke）」は受容器ではなくて、受容性、あらゆる物体がその中で開け放たれて活動している歓待性、母であると同時に乳母、受動的であると同時に能動的なものである。

ここにいたってコーラと質料の親近性はより含蓄に富むものになると同時に、両者の差異も明らかになる。コーラは実体ではなく、アリストテレスにおける質料のように、《或る意味ではほとんど実体》（『自然学』一九二a五）でもない。それはもろもろの感性的物体における形相の（スピノザ的意味においての）生起と変容、それらの空間化と認識への生起を許容するものなのだ。質料とコーラとは受容性と「〜のうちにあること」において共通しているが、コーラはいわばつねに外へと向かおうとしているのにたいして、アリストテレスにおける質料は下に横たわったままでいるものであるために、互いに相違している。しかし、もし質料も外へと向かおうとしており、物質化して場所をもつものであると解するなら、もしそれのなかに、アリストテレスが欠如態――ステレーシス（steresis）――の概念をつうじておこなおうとするように、形相と現実存在へ向けての志向が導入されたなら、そのときには二つの概念のあいだの隔たりはたしかに減少するだろう。

**6**

実際にも、コーラの理論は、晩年のプラトンのなかで、イデアと感性的なものの関係にまつわるもろもろのアポリアを解消するために、叡知的なものと感性的なもののコリスモス（chorismos）、ドラスティックな分離によって産み出された矛盾への天才的な回答として生じている。日本の哲学者、藤澤令夫〔一九二五―二〇〇四〕は、もろもろのイデアと感性的なものの関係を説明するための分有の言語（methexis, metechein, metalepsis, metalambanein）は『饗宴』に始まる中期の対話篇のなかでのみ姿を現わして、晩年の対話篇のなかでは消失し、すでに当初から姿を見せていたパラデイグマの言語に場を譲っていることを示そうとしたことがあった（Fujisawa, passim.）。『パルメニデス』（一三一A―一三四A）で展開されている分有の批判は、イデアと感性的なものが切り離されたまま存在していることの批判と連携している。そして晩年の対話篇におけるパラデイグマは叡知的なものと感性的なものの関係をあらゆる分有の観念から切り離して定式化することを可能にしてくれるというのだった。多くの研究者たちによって提出されてきたテーゼによると、分有の言語は内在性を含意しており、パラデイグマの言語は超越性を含意していることからして、プラトンの思想は断固として内在性のモデルから超越性のモデルへと転換していったのだという。これにたいして、藤澤は分有は或るひとつの超越性をこそ含意しているのであって（Ibid., p. 47）、プラトンの思想は逆の方向に動いていったのだということを易々と示してみせたのだった。藤澤自身はあえて問題として取りあげることをしていないが、ここではなおのこと、「パラデイグマ（paradeigma）」という語は元型やモデルではなくてなによりもまずもっては「範例・見本（esempio）」を意味していること、そして「範例・見本」（文字どおりには「並べて展示されるもの」）はそれに従ったりそれを模倣したりする事物にたいしてたしかに超越した位置にはないことを想い起こす必要がある。

しかしまた、実をいうと、少なくともここでわたしたちにとりわけ関心がある『ティマイオス』においては、藤澤がおもっているように、分有にパラデイグマを対置することが問題になっているわけではない。すでに『パルメニデス』（一三二D）においてパラデイグマという観念ももろもろの矛盾へと導いていくようにみえているとするなら、『ティマイオス』においてはどちらの言語も出てくるが（コーラについては、それは《叡知的なものに与っている（metalambanon...tou noetou）》（五一B）と言われている）、まさしく、超越性と内在性のドラスティックな対立そのものをコーラという観念、もろもろのイデアと感性的存在者がともに《場所をもつ（aver luogo）〈生起する〉》という観念をつうじて解消することが問題となっているのである。

ティマイオスは、コーラにかんする話を新たな出発点であると言明するにあたって、その話が必要とされるのは叡知的なものと感性的なものとを二律背反的に分割したのでは不十分だからである、と明言している。《これら二つの種類はこれまでの話では十分（ikana）だった。一つはパラデイグマであって、知性によって知られ、つねに同一を保つ。第二の種類はパラデイグマを模倣したものであって、生成し、目で見ることができる。わたしたちは第三の種類を区別してこなかったが、それはあの二つだけで十分だろう（exein ikanos）と考えたからだった。だが、いまや話は難解で不確実な種類のものを言葉ではっきりさせることを強いているようにみえる》（四八E）。《わたしたちが夢心地で知覚する》この第三の種類によってのみ、《つねになにか他のものの幻影として手に入れられる》もろもろの感性的な事物は存在し場所をもつことができるのであり（五二C）、その一方で、もろもろのイデアは《言表しがたい驚くべき仕方で（dysphraston kai thaumaston）》（五〇C）それら感性的な事物の上に自分たちの似像を刻印することができるのである。

この意味では、デリダがコーラは一種の起源に先立つ存在（pre-origine）であって《世界より前、創造より前、贈与と存在より前》（Derrida [4], p. 14）にあると解釈しているのは肯綮に中《あた》っているようにみえる。ただし、いまの場合には「前」は存在しえないと訂正しておくという条件を付けての話であるが。というのも、コーラは、あらゆる真の起源がそうであるように、それと時を同じくする他の二つの原理（「存在するもの」と「生成するもの」）（五二D――《天が生成する以前に三つの原理が三つの仕方ですでに存在していた》）の対立が中和化することによってのみ、もたらされるからである。これが、プラトンが二つのものが切り離されたままでいるかぎり《一方がもう一方の中に生じて、同時に一でもあれば二でもあるというようなことにはけっしてならない》（五二D）と書くときに示唆していることである。コーラにおいては、叡知的なものと感性的なものはまさしく一にして二なのである。

**ℵ** 二つのものが《一にして二》でありうることを示すために、プラトンはχという文字のイメージを利用している。ティマイオスは魂の創造について描写した最後で、神は複雑な数的関係に従って魂のかたちを作りあげたあと、《この組織の全体を二つの部分に裂き、それぞれの真ん中と真ん中をχという文字のかたちで交差させて、それぞれがひとつの円をつくるように曲げ、それぞれの先端が交差の真向かいで結びつくようにした》（三六B－C）と説明している。このようにして魂の組織のなかで同と異が結合されると同時に分離されるように、第三の種類は叡知的なものと感性的なものを結合すると同時に分離するのである。二つの原理にひとつの場所とひとつの共通の祖国を提供するコーラのうちに、ギリシア人の耳には避けがたく聞こえていたように、わたしたちは両者の分離（コリスモス）へのひとつの返球および回答を聞きとる必要がある。この意味においては、コーラはキアスマ、すなわち、χ字形の交差構造を有しているのである。

**7** したがって、ここでコーラを定義している「～のうちにある（essere-in）」ということの有する特別の意味内容を一から考えなおす必要がある。アリストテレスは、場所の問題に割かれた『自然学』第四巻の一節で、まさに「～のうちにある」という表現について省察して《何ものかが他の何ものかのうちにあると言われる（pos allo en alloi legetai）のはどの意味においてであるのか》と自問している。そして部分と全体（《ひとつの意味は、指は手のうちにある、一般的に部分は全体のうちにあると言われる場合である》）および種と類（《もうひとつの意味は、人間は動物のうちにある、一般的に種は類のうちにあると言われる場合である》）のことを想起したあとで、より全般的な意味内容として形相と質料（《形相は質料のうちにある（to eidos en tei hyle）と言われる場合》）に言及し、次いで、場所と緊密に結びついたもの（《容器のうちに、一般的には場所のうちに（en topoi）と言われる場合》）をすべてのうちで最も本来的な意味内容として定義しようとしている（アリストテレス『自然学』二一〇 a 一四 - 二四）。この一節は、アリストテレスがプラトンは誤って質料をコーラと同一視していたと述べている、わたしたちがこれまで何度となく引用してきたくだり（二〇九 b 一一）のすぐ後に出てくる。

もしアリストテレスがプラトンは空間と質料を同一視しているとしたうえで、これにたいして「〜のうちにある」ことの場所的意味内容を特権視しようとしているのが明らかだとしたなら、まさに『ティマイオス』の戦略における「〜のうちにある」ことの意味内容を把握することこそが問題となる。もし叡知的なものと感性的なものを切り離しただけでは（すでに『パルメニデス』においてもろもろの受け入れがたい帰結に導いていっていたように）不十分であることがここでは顕わになるとするなら、第三の種類はそれらに共にその「うちにある」空間を提供することによってアンティノミーを解消するのを可能にしてくれるのである。

そこでわたしたちが知覚するのは感性的なものでも叡知的なものでもなく、《一種の偽物の推理によって、感覚の働きが欠如しているなかで（met' anaisthesias）》捉えることによる、それらが場所をもつこと、それらが互いのなかに位置を占めて存在していることであるとするなら、そのときには、叡知的なものと感性的なものとはなんらかの仕方で合致する、すなわち、共に崩壊する。ここで認識されるのは或るひとつの対象ではなく、純粋の認識可能性である。このためにプラトンは、《目に見えないもの、形のないもの（anoraton eidos ti kai amorophon）》であるコーラは、もろもろの感性的なものをみずからのうちに受け入れているかぎりで、《最も通過不能で（aporotata）難攻不落な（dysalototaton）仕方で叡知的なものに参与している》と書くことができているのだった（『ティマイオス』五一A－B）。

どれほど《通過不能で難攻不落》であろうとも、この参与の様式をこそ問う必要がある。そしてここでもまた接近の鍵を供給しているのは、《感覚の働きが欠如しているなかで》の認識の様態である。感覚が麻痺している状態での知覚、《感覚の働きが欠如しているなかで》触れるというのは、思考の開始を告げる行為、あるいはより正確には、そこにおいて感覚の働きから知解の働きへの移行が起きる閾であり、このために通過不能なのである。この意味では、それはもはや感覚の働きではないとともにいまだ思考ではない。同様に、ピエール・デュエム〔一八六一－一九一六〕も、彼の『世界の体系——プラトンからコペルニクスまでの宇宙学説の歴史』〔全十巻、一九一三－一九五九年〕のプラトンの空間理論に割り当てられたセクションで、『ティマイオス』において問題にされている《偽物の推理》は《ノエーシスにもとづくとともに、それに随伴する想像力をつうじて、アイステーシスにもとづく幾何学的推理》以外の何ものでもないことを示したのだった（Duhem, p. 37）。実際にも、『ティマイオス』がもろもろの構成要素の各々に配置している基礎的な幾何学図形（土には立方体をあてがう、等々）はイデア的であると同時に感性的であり、フランス語版プラトン全集の編者アルベール・リヴォー（一八七六－一九五五）が示唆しているように、それらのなかでは《イデア的秩序から感性的秩序への移行が生じて分有が実現する》（Rivaud, p. 72）。もしプラトンが彼の陳述の難しさにかんして繰り返し注意しているとするなら、このことはプラトンがコーラの理論をいわく言いがたいものに移し替えようとしていることを意味するものではなく、《知の方法に慣れ親しんでいて》自分たちを連れこんでいく通過不能な小径のなかにあってその方法に従っていくことのできる読者たちに語りかけるすべをわきまえていることを意味しているのである（五二C）。

叡知的なものと感性的なものとは、切り離されて互いに交通できなくなったままでいると二つの抽象的な概念と化さざるをえず、コーラだけが両者を一緒に思考することを可能にする。コーラは二つの先立つ原理に「それがどこにあるのか」を提供するが、それのなかでこれら二つの原理は消え失せてしまい、最後に結果するものといえば、純粋の認識可能性、純粋の外部性でしかない。ここでパラデイグマに範例・見本という意味、並べて展示されるもの（para-deigma）という意味を取り戻し、認識しうるものにすることが必要となる。「〜のうちにある」というのはたんに叡知的なものと感性的なものの関係のことではなくて、両者に認識可能性を与えるもののことをいう。イデアと感性的な事物とをコーラのなかで一緒に保持するパラデイグマ的なものというのは、それをつうじて、叡知的なものが感覚の麻痺状態のなかで触れられ、感性的なものが偽物の推理によって思考されることができるようになる、純粋に媒介的なもののことにほかならない。そしてこの媒介性、この純粋の認識可能性こそは――叡知的なものであれ感性的なものであれ、ひとつの対象ではなくて――、コーラにおいて問われているものなのである。

アンカ・ヴァシリウ〔一九五七－〕は、その緻密な著書『透明なものについて――古代・中世思想におけるイマージュ、ミリュー、光』〔一九九七年〕のなかで、コーラを定義している媒介性を力説している。《第三の種類、すなわち、それのなかで生成するもの（to d'en hoi gignetai）は、他の二つの種類、すなわち、生成するもの（to men gignomenon）と生成するものがそれに似せられて生じるもの（to d'othen aphomoioumenon phyetai to gignomenon）にたいして、媒介者の立場にある》（Vasiliu, pp. 231–232）。ここで言われる第三の種類の媒介者的な立場は、ティマイオスがもろもろの構成要素について呼び起こしている《二つの要素は第三のもの（tritou koris）なしにはうまく結びつけることができない。両者の中間で（en mesoi）それらを結びつける絆のようなものが産み出される必要がある》（三一B）という命題の「中間」という語の定義に対応している。

実のところ、プラトンの思想についてのひとつのうまくできた定義は、それの二律背反的な構造を誇張する現在広く流布している表象とは逆に、そこにおいて中間（metaxy）の概念が展開している基本的な機能に従ってそれを特徴づける定義ではないだろうか。『饗宴』においてと同様、『ティマイオス』においても、プラトンがそこから脱け出そうとしているもろもろの二律背反は或るひとつの媒介者的なものの存在によって埋め合わされる。コーラの理論は、プラトンが『パルメニデス』において出遭ったアポリアをそのなかで解消しているエウポリアなのである。

**ℵ**　プラトンがコーラを定義するさいに持ち出している形相の欠如の意味するところを理解しなければならないのは、この視点においてである。もしすべての形相を受け入れるものがそれ自体のうちになんらかの形相をもっていたとしたなら、それらの形相を受け入れることができなかっただろう。というのも、その自分の所有している形相を他のもろもろの形相と並べて展示する（ten autou parem-phainon opsin）ことにならざるをえなかっただろうからである。それでもプラトンはコーラを形のないものとして性質づける――それは《目に見えないか形を持たないもの（eidos anoraton kai amor-phon）》である（五一A）――にとどまらず、それは《すべての形相の外に（panton ektos eidon）》ある（五〇E）とことわっている。同じ奇妙な表現はほんの少しあとでも《それは本性からしてすべての形相の外にある（panton ektos auto prosekei pephykenai ton eidon）のが適している》（五一A）というように力をこめて繰り返されている。「エクトス（ektos）」は、「エントス（entos 内に）」とは反対に、外にあるもの、外在的なものを指している。"ta ektos"といえば外部にある事物のことなのだ（"oi ek-tos"は外にいる者たち、すなわち、外国人である）。コーラが形がないのは未加工の質料としてではなく、純粋の外在性、純粋の外にあるものとしてである。コーラはもろもろの形相の外にあるもの、外在的なものであり、もろもろの形相の純粋の場所をもつこと〔生起〕なのである。それはプロティノスが質料とコーラを鏡に譬えたときに直観していたことである。《それのなかで産み出されるものはすべてトリックであって、或るひとつの幻像のなかにあってのさまざまな幻像（eidola en eidoloi）

である。まさしく、或る場所にあるものを別の場所にあるかのように映し出す鏡のようなものなのだ。［……］質料のなかに入りこんではそこから脱け出していきながら、形相を奪われ、まさに形相が欠如していることによって可視的なものになった、或るひとつのイメージの上で、さまざまなイメージが戯れているのである》（『エンネアデス』三・六・七）。

**8**　一九四四年、ドイツの敗北がいまや不可避であるようにみえ、七月二十日、ヒトラーが国防軍の将校たちによって実行された総統暗殺のくわだてから奇蹟的に生き延びるという事件のあった夏学期、ハイデガーはヘラクレイトスにかんする講義をおこなっている。講義の題目は「論理学。ロゴスにかんするヘラクレイトスの学説」。問題となっているのは、まさしく、ロゴスについてのヘラクレイトスのとらえ方を一連の断片の読解と註解をつうじて再構築することだった。通常《わたしがその言うところを聞いたかぎりの人々のうち、だれ一人として、賢者がすべてのものから切り離されていること（oti sophon esti panton kechorismenon）を理解するにいたっていない》と翻訳されている断片一〇八に到達したところで、ハイデガーは後半の部分を《〈本来的に知られるべきことが〉あらゆる存在者への関連において、その〈独自の〉方面にもとづいて存在している》（im Bezug auf alles seiende aus seiner (eigenen) Gegend west)》と訳している（Heidegger [4], p. 330）。そして「ケコリスメノン（kechorismenon）」という語をこれまで耳にしたことのないかたちに翻訳するにあたって、それを「コーラ（chora）」という語と関連させることによって正当化している。《わたしたちは「ケコリスメノン（kechorismenon）」という決定的な語にわざわざそのために考え出された意味を強引に押しつける必要はない。この語をいつも使い慣れていて、手垢がついた、皮相な意味から解き放ち、ひとりの思索者が本来的に知られるべきものを名づけるために発した言葉の尊厳をそれに取り戻してやれば十分である。「ケコリスメノン（kechorismenon）」は「コーリゾー（chorizo）」から派生しているが、これは通常「分離する」「切り離す」「脇に退ける」と訳されている。そのさい人々の念頭にあるのは、或るものを他のものから退ける（wegstellen）ことだけであって、退けることの属性は何であって退けることの根底に何があるのかについて注意を払わないでいるばかりか、「分離する」とか「切り離す」と訳したのではこのギリシア語の語義の最も些少なものすらもはや鳴り響かなくなってしまうことを省みていない。〔……〕動詞「コーリゼイン（chorizein）」には「ヘー・コーラ（he chora）」と「ホ・コーロス（ho choros）」が含まれており、これをわたしたちは「ディ・ウムゲーブング（die Umgebung）」（周りの環境）、「ディ・ウムゲーベンデ・ウムゲーゲント（die umgebende Umgegend）」（滞在を認容し守護する、それを取り囲む方面）と訳す。「コーラ」や「コーロス」という語は、あくびをする、口をあける、開くを意味する「カオ（chao）」（ここから「カオス（chaos）」が出てくる）の派生語である。だから、周りを取り囲む地域としての「ヘー・コーラ」は「ディ・ゲーゲント（die Gegend）」〔方面〕なのである。この語によってわたしたちは開けた境域と拡がり（den Bereich und die Weite）のことを指示しようとしているのであって、そのなかで何ものかが滞在を受けとることができるのであり、そこから何ものかがやってきては逃れだし、そして応答するのである。不正確な言い回しでは、「ヘー・コーラ」は「場所」を指すこともありうる。だが、「方面」と「場所」は同じものではない。「場所」を表わすのにはギリシア人は「トポス（topos）」という語を使っている》（Ibid., p. 335)。

ここでハイデガーは、いささか無理をして、「トポス」＝「場所」とは区別して「コーラ」＝「方面」の意味内容を定義しようとする。「方面」は「場所」ではなくて、《取り囲み、場所と方角を授けつつ、みずから開き対向する拡がり（die umgebende, Orte und Richtungen gewährende, sich öffnende und entgegenkommende Weite)》（Ibid.）である。それは《その都度場所を取り囲み、場所を与え、こうしてはじめて場所の設定と占拠を許すかぎりで、或る意味では場所の本質であり、場所性（Ortschaft）である。それゆえに、そしてそれゆえにのみ、コーラは場所を意味することもありうるのだが、それは占拠された空間（der eingenommene Platz)、すなわち、一定の個所に、特別な広さと限界において、呼び求められる方面（in Anspruch genommenen Gegend）という意味においてである》（Ibid.)。そしてもろもろの場所のうちに方面のもつ《接合し刻印するもの（das Fügende und Prägende)》としての力が現われ出るのだが、それ自体が対象になることはけっしてない。《方面が対象にならないこと（das Gegenstandlose der Gegend）は、存在の位格が下落したことの徴ではなく、より高くなったことの徴なのである》（Ibid., p. 336)。それゆえ、「コーリゼイン」という動詞を「コーラ」から出発して理解することは《けっして度を過ぎた要求でも強引なことでもない》とハイデガーは結論する。なぜなら、このことが意味しているのは《取り囲む方面のなかへと、ゲーゲント（Gegend）のなかへと持ちこみ、そしてこのゲーゲントから出発して臨在させること》だからというのである（Ibid.）。「切り離す」ことを意味する動詞を「コーラ」という語から出発して理解するのはけっして恣意的なことではないと執拗に言い張っていることからは、存在の思想を断固として空間的な術語のなかで表現しようとすることに関わる困難がどれほどのものであるかがうかがえる。すなわち、たんにヘラクレイトスのひとつの断片についての解釈にすぎないようにみえるもののうちに、ハイデガーの最晩年の思想を定義している時間的領域から空間的領域への存在論的概念性の移転の徴候を見てとることができるのである。

ほぼ全面的に「在る」という動詞の意味の理解に献げられた九年前のテクストのなかで、空間にかんする語の存在論的意味を把握することの難しさは、ハイデガーの思想のうちに「コーラ」という語が初めて出現する一節においてすでに告知されている。「在るという動詞の文法学と語源学」と題された章で彼は書いている。《何ものかがそのなかで生成するものはわたしたちが「空間（Raum）」と呼んでいるものである。ギリシア人は「空間」を表わす語をもっていない。これはけっして偶然ではない。というのは、ギリシア人は空間を占めているものを延長（extensio）にもとづいてではなく、コーラとしての場所（topos）にもとづいて経験していたからである。このコーラとしての場所は場所（Ort）をも空間（Raum）をも意味するものでなく、そこに立っているものによって捕獲され占拠されるものである。場所は物そのものに属している。生成するものはこの場所的な空間のなかに置かれ、そしてそこから取り出される》（Heidegger [1], p. 76）。ここでハイデガーはコーラに特有の、形を欠如させたものであらざるをえない性格にかんする『ティマイオス』の一節を引用し、その直後に省察するのが適切ないくつかの考察を括弧に入れて付け加えている。《『ティマイオス』のこの一節に言及するのは、パレンパイノン（paremphainon）とオン（on）、すなわち、随伴現象と安定性としての存在との結びつきを明らかにするためばかりでなく、同時に、プラトン哲学以来、すなわち、存在をイデアとして解釈することにもとづいて、場所とコーラの本質を延長によって規定された空間へと変容させてしまう準備がなされているということをも指示したいからである。［……］コーラとは、あらゆる個別的なものからみずからを切り離すもの、取り去るもの、まさしくそのようにして何ものかを許容し、それに場所を空けるもののことである、とおそらくは言わんとしているのではないだろうか》(Ibid., p. 77)。

場所とコーラの《やっと把捉されたばかりの（kaum gefasst）》思考が延長の方向へと（これは明らかにデカルトが近代に伝達した「レース・エクステンサ（res extensa）」の学説への暗々裡の言及である）傾斜していることは、その傾斜はここでは奇妙にもまさしくそれを初めて理論化した哲学者のせいにされているのだが、またもや、ハイデガー自身がたえずそれでもってみずからを測定せざるをえなくなる困難がどれほどのものであるかをうかがわせる。もしハイデガーの最晩年の思想が存在の思考を時間から空間へと移転させようとするこころみと定義しうるというのが真実であるとするなら、このこころみのなかでハイデガーがいくつもの困難にぶつかって解決することに成功していないというのも同じく真実なのだ。そして示唆されたことがあったように（El-Bizri, p. 75）、この困難はその根をまさしく『ティマイオス』のコーラとの対決が不十分であることのうちにもっているのではないかとおもわれるのである。

א　ハイデガーは『思索の事柄へ』で『存在と時間』の第七〇節における空間を時間性に連れ戻そうとするこころみは維持されえないと断言している。また『四つのゼミナール』でも同じく断固として、自分の思想はもはや存在の意味を問うことではなく、存在の場所および場所性を問うことであると主張している。それでもなお、『哲学への寄与論稿』の「底なしの深淵としての時空」にかんするセクションにおける「時空（Zeitraum）」についての熱に浮かされたような註記が証言しているように、時間の概念はけっして放棄されてはいない。たとえば、『放下』における対話「放棄の場所を指示するために」では方面の概念がふたたび力強く取りあげられているが、しかしまた、それは一種の言葉遊びによって空間概念（Weite 空間の拡がり）と時間概念（Weile 時間の持続）の交差点というように定義されている。方面（Gegend）、時空（Zeitraum）、性起（Ereignis）は、究極的には、それらをつうじて彼が存在の姿を名づけようと努めている概念にほかならないのである。ライナー・シュールマンが示したことがあったように、最晩年のハイデガーは歴史的＝時間的送付の原理としての存在は放棄しているが、純粋に現在するようになるものとしての存在は放棄していない。したがって、ヘラクレイトスにかんする一九四四年の講義におけるコーラの想起がゲーゲント（方面）としてのコーラをロゴスと同一視して締めくくられているのは驚くに当らない。《ロゴスはロゴスであるかぎりで一切を方面にもとづいて統べるもの（panton kechorismenon）である。すなわち、存在するものの全体への関係において、一切を取り囲み、一切にみずからを開き、そして一切にみずからを対向させる方面なのだ》(Heidegger [4], p. 338)。ハイデガーはここでゲーゲント(方面)としてのロゴスと存在の関係を思考しようと努めている。そして、この意味において、存在論から脱け出して或るひとつのコーラ論(una chorologia)に向かおうと努めているのである。

**9** ティマイオスが、すでに見たように、感覚の働きの欠如にともなわれた偽物の推理によってのみ把捉されうるほど《通過不能で難攻不落》と定義しているコーラの存在と認識可能性の様態について、あらためて問うべき時がやってきた。『ポリテイア』のなかで——この対話篇が『ティマイオス』と隣接した関係にあることは『ティマイオス』の冒頭でソクラテスによって「昨日」という言葉でもって示唆されている(一七B——《昨日、わたしたちがポリテイアについて話したこと》)——プラトンは、善のイデアを事物に可視性をさずける太陽に譬えたのち、地下の洞窟に住んでいる者について物語った決定的なくだりで、「コーラ」という語を使っている。洞窟の暗闇から引き剝がされて太陽のほうへと登っていった者は、最初の瞬間は光が眩しくてどうしても何も見ることができないだろうが、やがて少しずつ光に慣れていって、《最後には太陽を水その他の媒体に映った像においてではなく、太陽それ自体をそれ自身のコーラ〔場所〕において(en tei autou chora)観照できるようになるだろう》(『ポリテイア』五一六B)というのだった。

このようにしてプラトンがコーラと太陽をシンボルとする善のイデアとのあいだに樹立している隣接性について省察してみるのが適当である。善のコーラなるものが存在する。そしてその最も高い瞬間はついにわたしたちが善のイデアをそのコーラにおいて、その方面において、その本来の認識可能性において観照する瞬間である。ほんの少し前、何度となく註解されたくだり（五〇九B六–九）で、善について、それは認識される事物に認識可能性を与えるだけでなく、存在もしくはウーシアをも与えるのであり、それは《存在を超えたところに（epekeina tes ousias）》あると言われている。善が存在を超えたところにあるとはどういう意味なのだろうか。善のイデアと同様、コーラも或るひとつの事物――アリストテレスが誤解しているような基体もしくは質料――ではなく、もろもろの事物にそれらの認識可能性を与えるものなのである。メギストン・マテーマ（megiston mathema）、最も偉大な知とは、或る事物を知っていることではなくて、認識可能性を知っていることをいう。このことはそれが神秘主義の霧のなかに沈みこむことを意味しているわけではなく、コーラがそうであるように、それがかえって純粋の外部性もしくは外在性であることを意味している。洞窟および世界のすべての形の外にあること、しかしながら別の場所にではなく、それらの形が立ち現われて場所をもつこと自体のうちにあることを意味しているのである。

そのとき、もしプラトニズムの最終的な問題が「存在を超えたところにある事物はどのようにして存在するのか、現実に存在しない事物はどのようにして存在するのか」という問いというかたちで言い表わすことができるのだとしたなら、ありうるひとつの回答はこれらは現実に存在する事物の認識可能性と一致するというものである。コーラが、ここでもまた、この認識可能性を贈与する。そして太陽、善のイデアを、そのコーラにおいて見るということは、それが《天においてでも地においてでもなく》あらゆる存在者の場所性と認識可能性において場所をもつ〔生起する〕なかにあって、それを観照することを意味しているのである。

ℵ　ジョン・サリス〔一九三八-〕が指摘しているように（Sallis, pp. 38–39）、デリダが『ポリテイア』のコーラと『ティマイオス』のコーラとのあいだにはなんの関係も存在しないと考えているのは、まことに奇妙と言うほかない。サリスは、これにたいして、関係が存在すると述べているだけでなく、コーラはデリダが彼の著作『コーラ』においてたびたび言及している《存在を超えたところにあるもの》とも関係があるのではないかと示唆している。

10　《一人、二人、三人――おや、親愛なるティマイオスよ、あなたがたは、昨日はわたしたちの客だったが、今日はわたしたちをもてなしてくれるのだろ。そのあなたがたのうちの四人目の人はどこにいるのだね》。一人の人物が出席していないのを責めることでもって始まっている、対話篇『ティマイオス』冒頭のこの奇妙な一句に直面して、研究者や註解者たちはまずもって欠席している四人目の招待客がだれであるかを突きとめようとしてきた。すでにデルキュリデスは、プロクロス（『ティマイオス註解』七六）の証言によると、欠席している四人目の人物はプラトンその人であるとしていたという。ジュゼッペ・フラッカローリ（一八四九－一九一八）は、書肆フラテッリ・ボッカの叢書『ギリシア思想』の第一巻として刊行された『ティマイオス』のイタリア語訳（一九〇六年）のなかで、アルベール・リヴォーと同じく、この見解を踏襲し、『パイドン』でもプラトンが病気で欠席していたこと（『パイドン』五九B――《プラトンは病気だったとおもいます》）を理由として挙げている。これにたいして、コンスタンティン・リッター（一八五九－一九三六）（『フィロログス』第六二号、一九〇三年）に始まって、他の研究者たちは、プラトンは四部作（テトラロギア）を書こうと考えていて、欠席していた四人目の人物というのは実際には『ティマイオス』『クリティアス』、『ヘルモクラテス』（これも結局書かれずに終わった）のあとに書くつもりでいた対話篇のことであったと考えている。『プラトン』全三巻（一九二八－一九六〇年）を世に問うたパウル・フリートレンダー（一八八二－一九六八）ほどの鋭敏な研究者が似たような仮説を提出しているのには啞然とさせられる。というのも、このことはトラシュロス（紀元前一世紀のエジプト・アレクサンドリア出身の文法学者で、ローマ帝国第二代皇帝ティベリウスの廷臣）がプラトンの対話篇を四部作のかたちにまとめようとした彼の決意をプラトン自身にさかのぼらせようとしていたのをそのまま継承することを含意しているからである。

招待されていた四番目の人物を歴史上実在した人物であると同定しようとするこころみのうちで最も説得力のあるこころみは、おそらくローレンス・ランパートとクリストファー・プラノーが『ティマイオス』について提唱した断固として政治的な読解のうちに含まれているこころみではないだろうか(Lampert and Planeaux, passim.)。彼らによると、プラトンは『ティマイオス』と『クリティアス』において宇宙論を政治に利用しようとしていて、ひいてはホメロス的なシナリオに代えて新しい政治神学的シナリオを提唱しているという。そして招待された客たちがギリシアの最近の歴史のなかに登場する政治家たちであるのはこのためなのだという。まずはティマイオス。この人物は前四二六年にシュラクサイと連携してアテナイの遠征軍に対抗した都市ロクリスの代表者で、ソクラテスがわたしたちに報告しているように(『ティマイオス』二〇A)、《その都市の最も重要な官職を手中に収めていた》。つぎにアテナイのクリティアス。この人物は《わたしたちが語っているもろもろの政治的な問題のいずれにも素人ではない》とソクラテスは述べている。そして三番目にはシュラクサイのヘルモクラテス。この人物はトゥキュディデスが《知謀にかけてはだれにも劣らない》と報告している人物で、侵攻してきたアテナイ軍と戦って勝利した戦争で戦略家として活躍した。このような政治的コンテクストのなかに置いてみた場合、欠席した四番目の客は、ランパートとプラノーによると、アルキビアデス以外にはありえないのだった。すなわち、ペロポンネソス戦争においても失敗に終わったシュラクサイ遠征においても、アテナイの帝国主義政策の主役を務めた人物である(Lampert and Planeaux, p. 108)。前四一六年に展開される『饗宴』において、アルキビアデスは不敬虔だとの非難へと導いていくことになる秘儀の冒瀆が起きたとき、アルキビアデスはずいぶんと遅れてやってきて宴席に集まった者たちの恋愛の女神エロスにかんする演説を聴くことができなかったように、『ティマイオス』でも、彼は自分が最後には裏切らざるをえなくなる都市のための新しくてより正しい宇宙論的地平を言祝ぐ言論に居合わせることができないでいる。そのさい、彼が出席するのを制止しているアステネイア（astheneia）は、身体の病気ではなくて、その語のより本来的な意味に従って、道徳的な弱さもしくは病だというわけである。

『ティマイオス』が、プラトンの思想全体がそうであるように、政治的な次元を有しているというのは、疑いがない。しかしながら、その対話篇の前口上のうちに、なにか政治的コンテクストだけでなく、なによりもまず、そこで開陳されている哲学的諸学説の実質的な意味内容に関わるものを見てとらないのはむずかしい。もしプロクロスがわたしたちにすでにシュリアノス〔四三七年没。アテナイのアカデメイアの学頭〕がソクラテスの言葉のうちにピュタゴラス思想における四和音と三和音の秘教的意味へのひとつの合図を読みとっていたと報告しているとするなら、カルキディウスは『ティマイオス』註解のなかで、三つの次元をもつ幾何学的固体について、《魂の身体への結合の根拠》として、ピュタゴラス派にとって1、2、3、4という数列のもつ重要性を想起しているのだった。というのも、それらの総和が完全数10を与えるからだというのである（“quem quidem decimanum numerum Pythagorici appellant primam quadraturam propterea quod ex primis quatuor numeris confit, uno, duobus, tribus, quattruor”）(Lampert and Planeaux, p. 174)。その一方で、わたしたちにもっと近い時代には、カール・グスタフ・ユング〔一八七五－一九六一〕が『ティマイオス』冒頭の言葉を彼の基礎的な心理学的元型としての「四つの心理機能」の学説と関連させている。

これらと似たようないくつかの接近方法が茫漠としているのとは相反して、その対話篇のなかでもまさに哲学的密度がより濃い箇所において、そしてとりわけコーラの理論について陳述されている箇所において、中断することなく立ち戻ってくる3と4の数の身分をもっと近くからたどってみるのが適切だろう。ティマイオスがコーラの身分を予示しつつ比例中項の理論を陳述しているくだり（三一B－三二A）についてはすでに想起しておいたが、いまはより入念に注意しながら読み返すことができる。《二つのものは第三のものなしにうまく結びつけることはできない。両者の中間でそれらを結びつけるきずなのようなものがなければならないからである。そして最もみごとなきずなはそれが結びつけるものを自分自身と最も完璧な仕方で一つにするきずなであって、比例（analogia）が本性上そのことを最もみごとにやりとげる。実際にも、三つの数のうち、任意の立方数なり平方数なりのあいだに中項（meson）が存在していて、それの初項にたいする関係が末項が中項にたいする関係に等しいとき、そのときには、中項は初項にも末項にもなり、また末項と初項は両方とも中項になり、こうしてすべては必ず互いに同じものであるということになり、すべては一つである（hen panta estai）ことになるだろう》。もし第三の項の仲介をつうじて最初の二つの項が——まさしくコーラにおいて叡知的なものと感性的なものに起きることになるように——一つになるのだとしたなら、この「一つ（hen）」は最初の三つにたいして四番目のものであることになるだろうが、しかしまたそれはそのようなものとして名指しされることはないのである。

少しあとで、魂の創造について語ったさいにも、同じ図式が反復されているようにみえるが、ただ一点、第四のものがはっきりと名指しされている点が異なっている。《神は、不可分でつねに自分自身と同一のものと分割できる身体的なものとを混ぜ合わせ、存在の第三の種類（triton [……] ousias eidos）をこれら二つのものの中間にあるものとして（ex amphoin en mesoi）創造した。また同と異の本性についても同様に創造し、その存在の第三の種類を不可分なものと物体において生じる分割可能なものとの中間に置いた。そしてこれら三つを手に取ると、混ぜ合わせてすべてを一つの形にした（eis mian panta idean）》（三五A）。

しかしながら、《三者の三様の（tria triché）》（五二D）関係がその意味内容のすべてを獲得するのは、コーラの学説が陳述されているくだりにおいてである。もしコーラが叡知的なものと感性的なものをなんらかの仕方で一緒にしたままに保っておくのをゆるしてくれる中項であるとするなら、この結合から、名指しされないままになっていて、ひとたび二律背反《アンティノミー》が解消されたときには宇宙の真の姿である、第四のものが生まれるだろうというのは、明白である。ここで問題になっている第四のものは、時間的な継起に従っても、たんに場所性が開示されたものとしても解されてはならない。それは測定可能なクロノロジーを内含しているのでもなければ、恍惚としたカイロロジーに解消されるのでもない〔クロノロジーは時計や暦で計れる「量的な時間」を指す「クロノス」にかんする学のことであるのにたいして、カイロロジーは計測不能な「質的な時間」ないし「機が熟す時」「適切な時」「完璧なタイミング」などといった意味合いをもち、多くの場合、霊的な感覚がともなう「カイロス」にかんする学のことをいう〕。そしておそらくは、対話の最後で、《万有にかんするわたしたちの話がいまやすでに終極に達していて（telos echein）》、《この宇宙が死すべき生きものと不死の生きものを一緒に取り入れて充溢に到達した》とき、プラトンが《叡知的なものの似像である感覚しうる神（theos aisthetos）、最も偉大で最も美しくて最も完全な神、単一のものから産み出された唯一の天》という姿において想起しているもの（九二C）こそは、この第四のものなのである。感性的な神は感性的な叡知的なものであると同時に叡知的な感性的なものである。すなわち、その認識可能性の中間に存在しているもの、そのコーラのうちにある太陽——善のイデア——である。真の哲学は、真の政治もそうであるように、ひとつのコーロロジーア（chorologia）〔コーラ論〕なのである。

ℵ　『ティマイオス』を締めくくっている感性的な神の像は哲学史上最も驚嘆すべきテクストのひとつであるディナンのダヴィド〔十二世紀から十三世紀にかけての時期に生存していたベルギーの哲学者にして神学者〕の断片「メーンス、ヒュレー、デウス〔知性、質料、神〕」において取りあげ直されている。《プラトンが世界は感覚を有する神である（mundus esse Deum sensibilem）と言うとき、彼はこのことと見解を共にしている。というのも、わたしたちが語っている知性、そしてわたしたちが単一にして無感覚なものであると言っている知性は、神以外のものではない（Mens enim de qua loquimur et quam unam dicimus esse eamquem impassibilem, nihil aliud est Deus）。したがって、もし世界が、プラトン、ゼノン、ソクラテスその他多くの者たちが言ってきたように、五官によって知覚されうることがないままに神自身であるとしたなら、そのときには世界の質料は神自身であり、質料に到来する形相はみずからを感覚しうるものにする神以外のものではないことになる（Si ergo mundus est ipse

Deus preter se ipsum perceptibile sensui, ut Plato et Zeno et Socrates et multi alii dixerunt, yle igitur mundi est ipse Deus, forma vero adveniens yle nil aliud quam id, facit Deus sensibile se ipsum)》(Davide di Dinant, p. 174)。ダヴィドはベナのアマルリクス〔一一五〇－一二〇七。フランスの神学者〕とともに十三世紀における汎神論の代表者であるとされている。アマルリクスは《神はすべてにおいてすべてである》というパウロの言葉をプラトンのコーラ理論の一種のラディカルな神学的展開であると解釈していた。神はそれぞれの事物のうちにそれぞれの事物がそのなかに在る場所として在る。このために、彼は——彼の言行に憤慨した敵手たちが報告しているところによると——神は石のなかの一塊の石であり、コウモリのなかの一匹のコウモリであると言うことができたのだという。ダヴィドの振る舞い方はアマルリクスとは異なっていたが、最終的な結果においては似ている。もしすべての魂にとって単一である知性が、コーラのように、すべての物体にとって単一である質料を把握するのだとしたなら、それは知性と質料とが単一のものに変成するからである。それゆえ、単一の実体が存在するのであり、この実体は神なのであるが、ただし、『ティマイオス』の宇宙のように、このような仕方で感覚しうるものになった神なのである。

プラトンの最晩年の思想がコーラに託し、ダヴィドがその極端な定式化にまで押し進めているメッセージは（ひとたびこの概念が思考しようと努めているものが何であるかがわかったなら、それを空間と呼ぼうと質料と呼ぼうと、それは名称の問題でしかない）、叡知的なものと感性的なものだけでなく、叡知的なものとそれを理解する作用、感性的なものとそれを感覚する作用もひとつの同じものであるということである。コーラ＝質料とは見て知るべく与えられるもののことであり、全体とそれぞれの事物とが開示されるもののことである。単一の感覚しうる神においての知性と質料の合一なのだ。認識とは共に生まれること、ひとつの自己触発作用のなかにあって認識しうるものと認識するものとが一緒に生まれることである。両者を原因と結果、客観と主観として切り離すことは、コーラの思想を放棄して、このように切り離された状態のなかでみずからの学を基礎づけるために近代が身を委ねてきた迷路にほかならない。

**11**　イスタンブールのコーラ教会のナルテックス〔柱廊〕のなかに嵌めこまれているひとつのモザイク画は、二人の天使に囲まれて赤ん坊を膝に載せた聖なる乙女マリアの像を描いている。女性像の両脇には《ヘー・コーラ・トー・アコーレトー（He chora tou achoretou）》と書かれた文字が見える。これをどう翻訳するかという問題はまだ片づいていない。「領土的でないものの領土」とか「場所化しえないものの場所」といったように直訳したのでは十分でないようにみえることからしてである。それは通常わたしたち近代人が視覚芸術の分野に割り当てている像が問題になっているのだから、「形象化しえないものの形象」とか「展示しえないものの展示」といったあたりの翻訳のほうがより適切であるようにみえるかもしれない。だが、実をいうと、この連辞の意味が理解されるのは、それのなかにプラトンのコーラの、哲学の領域から像礼拝と典礼の領域へと移し替えられた、ひとつの極端な神学的ナッハレーベン（Nachleben 死後の生）を見てとる場合でしかない。ビザンティン美術の二人の

聖なる乙女マリアのモザイク画　イスタンブール，コーラ教会の柱廊

研究者、ニコレッタ・イーザルとソティリア・コルディは、この連関を一々詳細に記録してきた。《プラトンのコーラの歴史には、これまでプラトンの対話篇に即応した観点のもとでは十分に議論されてこなかった、その語の領有の仕方をめぐってのひとつの興味深いケースが存在する。ビザンティン美術のコーラがそれであって、これは一方におけるキリスト教の神学ならびに人間学と他方におけるプラトンの形而上学ならびに神秘学との魅力的な綜合なのである》とイーザルは書いている（Isar, p. 41）。コルディは、教会のパレックレーシオン（parekklesion 脇に設置された礼拝堂）の建築構造と飾りつけられている装飾のかずかずを分析して、《パレックレーシオンの空間は、母型、つねに産み出されて意味あるものになろうとしている、空間に拡がった物体の性格をもつコーラの概念に照らして見ることができる。もう少し広くいえば、コーラのパレックレーシオンはプラトンの言う意味でのコーラとしてイメージすることができる》と示唆している（Kordi, p. 277）。

プラトン思想との連関は実際にはさらにいっそう緊密であって、一世紀以上にわたって聖画像破壊論者と擁護論者の分裂を生んできた政治的＝神学的論争のなかでのイメージの身分についてのとらえ方に関わっている。ヒエレイア、ニカイア、コンスタンティノポリスの公会議でのいつまでも鎮められない抗争の中心には〈託身〉の教義とキリストの二つの本性（人としての本性と神としての本性）の教義が存在している。プラトン風にいうと、問題はつぎの点、すなわち、感性的なイメージ（これは『ティマイオス』ではエイコーン（eikon 似像）と呼ばれている）がどのようにすれば非感性的なもの（神的な本性）を展示できるのか、あるいは、どのようにすれば同じ一つの場所で感性的なものと非感性的なものを経験するといったことがありうるのか、という点にあるのだった。

ここで注目されるのは、神学論争のなかで、絵画の専門技術的語彙に属する概念がこのようにして神学的カテゴリーに変容させられていることである。プラトンは『ポリティコス〔政治家〕』（二七七C）でルネサンスと近代の理論家たちには馴染みの素描と絵画を対置させるやり方を先取りして、或る像の輪郭（「ペリグラへー（perigraphe）」、字義どおりには「限界を画定すること」）を描いた線とその像に生彩を与える色との違いを想い起こしていた（《わたしたちの話はなにか絵に描かれた動物の場合と同じで、外側の輪郭——ペリグラへー（perigraphe）——は申し分なくできあがっているが、絵具を塗り混ぜ合わせることによって獲得される生彩——エナルゲイア（enargeia）——はまだ欠けている》）。まさしくこの概念が聖画像破壊論者たちによって神的本性にかんしては図像化しえないことを主張するために取りあげ直されたのだった。キリストにおいては人としての本性と神としての本性が単一の人格（prosopon）（これには「顔つき」および「仮面」という意味もある）において分かちがたく結合しているのだから——と東ローマ帝国皇帝コンスタンティノス五世〔在位七四一－七七五年〕は論じている——、それを描くことはできない、と。というのも、もしそんなことをすれば、それ自体としては限界を画定しえないものを画定することになってしまうから、というのである（《そのプロソポンを描いた者は、それ自体としては限界を画定しえない神的な本性を画定してしまったことは明らかである》）。ニキフォロス一世〔コンスタンティノープル総主教。在位八〇六－八一五年〕は、このドラスティックな単純化に異議を唱えて、プラトンがおこなっていたように、何ものかを現前させる素描（perigraphe）とこの権能をもたない絵画(graphe)とを区別する。《素描ではそのものは必ず現前しているが、絵画では絶対に現前していない。[……]実際にも、人物はみずからの図像のなかで描かれる(graphetai)が、限界の画定がなされるのに固有の場所において以外には、限界の画定はなされない(ou perigraphetai)。これら二つのやり方は大きく隔たっている。実際にも、人物は、そう求められたなら、多くの色と形を用いて、またさまざまな光彩を与えて造形しながら、絵具とモザイクをつうじて描かれるだろうが、これらをつうじてその人物の限界を画定することはけっしてできないだろう。限界を画定することは絵を描くこととは別のことがらであると言われているからである。絵画=刻銘(graphe)はそこに描かれるか刻まれるかしたものの物体的な形を、その形姿(schema)、その形態(morphen)、その似像を刻みながら、現前させる。これにたいして、限界画定作業は、これら三つの要素と共通するものは何ももたないまま、輪郭を素描する》(Nicephoros, p. 357)。

絵画実践の二つの基本的要素(素描と色彩、または限界画定と刻銘)の区別は、ここでは画像崇拝を正当化するために用いられている。プラトンのコーラの場合には叡知的なものが像のなかに刻まれることによって現前させられるように、そして『ポリテイア』の比喩の場合にはさもなければ目を眩惑してしまう太陽が《それ自身のコーラにおいて(en tei autou chorai)》観照されうるように、絵画の場合にも、アコーレートス(achoretos)な〔限界をもたない〕神的なものがそれのなかで限界を画定される(素描される)ことなしに現前する。これと同じように、聖母はキリストのコーラと定義できるのであり、教会の名前——「エクレシア・トー・アギオー・ソテーロス・エン・テイ・コーライ(Ecclesia tou agiou soteros en tei chorai)」——は、文字どおり、「そのコーラにおいて現前する、目に見える救済者」を意味しうるのである。

《ヘー・コーラ・トー・アコーレトー（he chora tou achoretou）》という連辞の最古の証言が（「イコス」八の冒頭に《コーラ・トー・テオー・アコーレトー（chora tou theou achoretou）》というかたちで姿を見せる）、ビザンティンの典礼の主の生母にアカティストス（acathistos）して（すなわち、座ったままではなく、起立して）献げられている頌歌のなかにあるというのは、驚くべきことではない。典礼は身ぶりによる形象と栄誦とが一体になったものであって、そのなかで神的なものが現前するものに転化するのである。つまり、それはひとつのコーレオグラフィーア（choreografia）なのだ。

# 第三章　ステレーシス

I

《プラトンは『ティマイオス』においてコーラと質料とは同じものであると言っている》というアリストテレスの主張（『自然学』二〇九b一一）が偏ったものであるのは、疑いの余地がない。問題のくだり（二〇九b一一－一六）を注意深く読んでみるとよい。《このためにプラトンも『ティマイオス』においてヒュレーとコーラとは同じものであると言っているのである。というのも、受容するもの（to metaleptikon）とコーラとは一にして同じものであると言っているからである。》ここといわゆる不文の教説のなかでの「受容するもの」の言い方は異なっているけれども、プラトンが場所（トポス）とコーラとは同じものだとしていたことは確かである。場所が何ものかであるということは他の人たちもみな言っているが、それが何であるかはプラトンだけがそれを語ろうとこころみたのだった》。まずもっては「このために（diò）」を説明する必要がある。実際にも、直前の行で、アリストテレスはトポスと質料とは同一視される場合がありうると語っている。彼によると不当な同一視であるとしてもである。《場所が大きさの拡がりであるようにおもわれるかぎりでは、場所は質料である。大きさの拡がりは大きさとは異なっており、エイドス〔形相〕によって、たとえば面とか限界とかによって、取り囲まれ限定されている。そして質料とか無限定なものとかはまさにそのようなものなのである。実際にも、球から限界や情態が取り除かれると、質料よりほかにはなにも残らなくなる》。したがって、プラトンはトポスとヒュレー、場所と質料を同一視するという誤りにおちいってしまった、というわけである。しかしまた、そのような非難をプラトンに浴びせることができるためには、アリストテレスは『ティマイオス』のなかにはまったく見いだされない主張をプラトンのものだとせざるをえなくなって、《このためにプラトンも》云々と書くこととなるのである。これに続く《受容するもの（metaleptikon）とコーラとは一にして同じものである》というくだりは、ヒュレーとコーラとは同一のものであるという主張はプラトンのものだという偽りの帰属のさせ方になんらかの仕方で証拠を提供するはずであったのかもしれない。が、この主張も不正確である。プラトンがコーラを定義している箇所には、アリストテレスがプラトンの専門的術語として利用しているようにおもわれる「受容するもの（metaleptikon）」という語は姿を見せていないのだ。プラトンはただ《母であり受け容れるものは［……］目に見えず形のないエイドス、隘路にぶちあたって解決困難な仕方で叡知的なものを分有している（metalambanon）》（『ティマイオス』五一Ｂ一）と書いているにすぎない。見てきたように、研究者たちはさらに晩年の対話篇では分有（metexis）という語がパラデイグマという語に取って代わられようとしていたことを示してきた。ここにいたってアリストテレスは、コーラと場所の同一視という、これもまた『ティマイオス』には出てこないさらなる同一視をプラトンのものだとしている。コーラについての異なった定義が見られるという不文の教説への送付は、そのすぐあとでふたたびなされている。ここでは、分有するものはプラトンによって「大と小」とも、《彼が『ティマイオス』で書いていた（gegraphen）ように［これはまるで先の「言っている（phesin）」を訂正しているかのようである］、「質料」とも》同一視されていたと示唆されている（『自然学』二〇九b三三－二一〇a一）。

コーラ－トポス－ヒュレーの同一性は一度として立証されておらず、こう言ってよければつねに前提されている。アリストテレスによると、プラトンは二度誤りを犯していたのだった。一回目はコーラを質料と同一視してしまったために、二回目は場所と同一視してしまったために。だが、実をいうと、完全な循環論法によって、二回目の誤りが一回目の誤りに先行し一回目の誤りを産み出しているのである。実際にも、まずもってはプラトンは場所を質料と同一視したとの示唆がなされたうえで、そのことを立証するためにつぎにはプラトン自身はおこなっていなかった二つの主張（コーラとヒュレーは同一のものであるという主張とトポスとコーラは同一視されるという主張）がプラトンのものだとされているのである。ここにいたって、プラトンが二つの誤りを犯したという診断についてはこれを緩和して、プラトンはいずれにせよ場所を定義しようとこころみた唯一の人物であると結論できることになる。

アリストテレスの議論が循環論法であって偏っていることはかくも歴然としている以上、解釈者の任務はそれが虚偽であることを確認するにとどまらず、弟子が師によってはそのようなかたちでは口にされたことはなかったことをわかっていたはずのテーゼを師のものだとするよう導いていくことができた理由を理解するよう努めることでなければならない。いずれにしても、プラトンのコーラの学説がアリストテレスの質料の学説のなかで被った変容において何が真に問題になっていたのかをわたしたちが理解しうるのは、たしかにこのくだりにおいてではないのである。

**2**　アリストテレスがプラトンの質料の学説についての批判を展開するとともに、それを自分の思想から分かっている相違点を詳しく説明しているのは、『自然学』第一巻の最後においてである。《初期の人々（oi proteron）》（すなわちパルメニデスと彼の学派）が《生成と消滅へと、そして総じて変化へと導いていく小径から》遠く離れてしまい（一九一b三二）、このようにして実在そのものを無視してしまったと断言したあと、アリストテレスは他の人々——すなわちプラトン学派——は実在を認識しようと努めてきたが、それは不十分な仕方においてであったと書いている。彼らは何ものかが存在しないものから（ek me ontos）生成することを承認しながらも、質料は数においても可能態（dynamis）においても一つであると考えていたというのだった。アリストテレスが何を言いたいのかは直後に説明されている。彼我の考えの違いは《わたしたちは、質料と欠如態（steresis）とは異なるものであると主張し、質料は付帯性において存在しないもの（ouk on）であるのにたいして、欠如態はそれ自体において（kath' auten）存在しないものであるとする、そして前者［質料］は或る意味ではほとんど実体（ousia）ですらあるが、後者［欠如態］はどのような意味でも実体と言えるようなものではないとする。ところが、彼らは、存在しないもの（me on）は大と小と——それらが両方とも一緒に取りあげられた場合であれ、それぞれ別個に切り離して取りあげられた場合であれ——同じような仕方においてあると言っている》（一九二a一-九）点にあるというのだ。

アリストテレスの質料の学説と彼のコーラ批判は、彼が彼の基本的概念のひとつであるステレーシス（steresis 欠如態）あるいは欠如的対立（opposizine privatica）という概念を練りあげるのはこの機会においてであるという事実を考慮した場合にのみ、理解しうるものになる。この概念を彼は少しあとで《欠如態は或る意味では形相である（he steresis eidos pos estin）》（一九三b二〇）と定理めいたかたちで言明している。実際にも、たんなる不在（apousia）の場合には何ものかの否定が生じる一方で、《欠如態の場合には、なんらかの下に横たわる〔基体的な〕実在が産み出されていて、それについて何ものかが欠如していると言われるのである》（『形而上学』一〇〇四a一五-一六）。プラトンの誤りは、質料は欠如態をもみずからのうちに——切り離しえないと同時に区別されたかたちで——含んでいるかぎりで二重であることを承認できないでいたことである。《彼ら——プラトン主義者たち——は、下に横たわる実在が存在していなければならないとするところまでは考え及んでいたが、その実在を一つであるとしている。だが、たとえだれかがそれを「大と小」と呼んで二つだとしながらも、それを同じものだと考えているとしたなら、そのときにはもうひとつの部分［すなわち欠如態］は見落とされてしまう。下に横たわる実在は産み出されるもろもろの事物の形相にとっての協働原因であり、それらの母のようなものである。だが、対立するもののうちのもうひとつの部分［欠如態］は、それの悪しき面に思いをいたす者には、まったく存在しないものとみえるかもしれない》(『自然学』一九二a一〇－一五)。母としてのコーラというプラトンのメタファーの引用が強調しているように、プラトンは事物が生成するにあたっての質料の重要性を理解していたが、欠如態がその質料の構成的な部分をなしていることには気づいていない、というわけなのだ。

欠如的対立という概念のもつ戦略的重要性についていま少し立ち止まって考えてみたい。これは近代思想のうちに長きにわたって影響を及ぼすこととなるのである(とくに、この概念がなければヘーゲルの弁証法は考えられなかっただろう)。実際にも、アリストテレスが発見したのは、何ものかが欠如するなかにあって現在することがありうるということ、あるいは彼が書いているように、ステレーシスは或る意味ではエイドスであり、みずからの存在が欠如してしまったものの形相を保持しているということであった。『形而上学』のデルタの巻〔第五巻〕に収録されている哲学用語辞典において「ステレーシス〔欠如〕」の定義が「ヘクシス〔所有〕」の定義のあとに続いて登場するのは偶然ではない。本来であれば所有すべきだったものが欠如しているというのは一種の零度の所有であるというのだ。しかしまた『自然学』では、アリストテレスはこのステレーシスの定義を彼の生成学説を正当化するために利用している。《あらゆる事物はすべて下に横たわっている質料〔基体〕と形あるものとから生成する(gignetai pan ek te tou hypokeimenon kai tes morphes)》(『自然学』一九〇b二〇)。だが、質料は数にかんしては一であるが、欠如態を含んでいるかぎりでは二である。《質料は、一方では下に横たわっているものであり、他方ではそれに対立するものである。わたしが対立するものと呼ぶのはたとえば無教養な者であり、下に横たわるものと呼ぶのはたとえば「人間」である。同様に、形姿、形相、秩序が欠如しているものを対立するものと呼び、青銅とか石とか黄金とかを下に横たわるものと呼ぶ》（同上、一九〇b一六）。このために生成の原理はアリストテレスにとっては二つではなく、形相、欠如、質料の三つなのである（同上、一九一a一）。そしてまさしく彼が欠如態に割り当てている本質的な機能からして、彼はプラトン主義者たちが本源的な三位構造を考えるさいの様式（叡知的なもの、感性的なもの、コーラ）は自分のものとは完全に異なる（同上、一九二a九）と書くことができるのだった。

それは対立物がもつ存在論的身分の理解の仕方に関わるものであるだけに、相違はなおのこと注目に値する。プラトンにおいては、問題になっているのは、切り離されてしまうといくつもの治癒しがたいアポリアに逢着することとなる二つの原理〔叡知的なものと感性的なもの〕の認識可能性である。そこで、コーラが両者にひとつの空間を提供することによって、なんらかの仕方で感性的なものを思考しうるものにし、叡知的なものを可視的なものにするのである。そしてもしコーラが独自の形相をもたず、対立するものや欠如したものをなんら保持していないとするなら、アリストテレスの三位構造においては形相とその対立物であるステレーシスとの弁証法こそが本質的な要素をなしているのであって、それらにとっては質料はたんに生成のための受動的な基体として機能しているにすぎないのである。そしてプラトンの弁証法がもろもろの前提を撤廃して、非仮説的な始元に到達することをめざしているのにたいして、まさしく、ステレーシス、或る意味で形相と理解された欠如態がそのなかに存在しているヒュポケイメノン、下に横たわるものを前提することにもとづいて、アリストテレスの弁証法はその権能を保持しているのである。

二つのとらえ方の相違を単一の特徴をつうじて定義したいとおもうなら、それを弁証法的基礎を定立するにあたって或るひとつの前提が存続しているかいないかという点に要約できるかもしれない。すなわち、プラトンも彼の生徒アリストテレスも或るひとつの前提が存在することを意識したところから出発して論を進めていると言えるだろう。この前提はロゴスに特有の力の結果であって、ひとが語るものをあらかじめ想定している（アリストテレスは《すべてのことどもは或るひとつの下に横たわるものを前提することによって（cath'ypokeimenou）語られる》（『カテゴリー論』二a一九）と書いている）。しかし、プラトンにとっては、『ポリテイア』五一一Bからはっきりとわかるように、まさしくこの前提を撤廃し、《もろもろの前提を原理としてではなく、前提として、すなわち、前提のないもの（anypotheton）へ向かっての段階もしくは衝動として》あつかうことが問題であるのにたいして、アリストテレスにとっては、逆に、前提は、『自然学』においては質料とともに起きているように、また論理学においては第一実体（「この人間」「ソクラテス」）の前提とともに起きているように、前提としてしっかりと保持されなければならないのである。一方では、言語活動の前提となる力が何であるかを解明すること、他方では、その力にもとづいて、何ものかについて何ものかを言う命題的なロゴスの力を少なくとも或る程度まで根拠づけることが問題となるのだ。そしてこのためにこそ、アリストテレスは、もろもろの存在者の開かれた状態と認識可能性を表現しているコーラを、《第一の根底に横たわるもの》としての、しかしまたその内部に生成と運動の力強い弁証法的原理を含みもっているヒュレーに変容させざるをえないのだった。

アリストテレスの註解者たちは、シンプリキオスからアプロディシアスのアレクサンドロスにいたるまで、アリストテレスのヒュレーがもつこの性格を完全に理解していて、エピテーデイオテース（epitedeiotes）という概念、質料にはもろもろの形相を受け容れようとする性向もしくは習性があるという概念をつうじてこのことを主題化してきた。アレクサンドロスによると、《質料に固有の本性はもろもろの質を受け容れることのできるひとつの性向をもっている（ten epitedeiota echein）ことにある》。そしてこの習性は《何ものかを所有していることとそれを欠如させていることとの中間（metaxy ekeinou te kai tes stereseos autou）》に位置するのだという（アプロディシアスのアレクサンドロス『問題と解決』五二‐五三、一四‐一五）。ここでは質料は或る存在者が触発される能力の尺度であり、アレクサンドロスがアリストテレスの書板のイメージを取りあげ直して、潜勢力を書板でなくてそれを覆っている感性的な蠟になぞらえているのは驚くべきことではない。シンプリキオスは、アリストテレスの『自然学』への註解のなかで、欠如態について、それは形相への性向にともなわれた一種の不在（apousia tis meta epitedeiotetos tes pros to eidos）であるかぎりで、形相よりも前にあると同時に形相よりも後にある（pro tou eidos kai meta to eidos）と書いている（シンプリキオス、二一二・七‐八）。そして、このためにアリストテレスは正当にもプラトンを、質料のうちには対立物――大と小――が現前していると断言しながらも、質料がまさしく《もろもろの対立物への性向［あるいはそれらを受け容れる能力］（pros ta antikeimena epitedeioteta)》として顕れる欠如態を含みもっていることに気づいていない、と批判したのだと付言している（同上、二二二・三二）。

ℵ　プラトンの質料理論についてのアリストテレスの批判において欠如態という概念が本質的な機能を展開しているということは、カルキディウスがアリストテレスのテクストを敷衍して説明するなかで完全に把握していたことである。《実際にもアリストテレスは述べている。「わたしたちには質料（silva）は欠如（carentia）［このラテン語はギリシア語 steresis の特別の指示内容をきわだたせている］とは別のものでありうるようにみえる。質料はなにかそれ自体で存在するものではなくて、付帯的に存在するものであるが、欠如は第一義的かつ絶対的に無である。また質料は実在性に近いものをもっているが、欠如にはなんらの実体もない、という意味においてである」と。「ところが、正しく判断することをしない他の人たちには――と彼は言う――質料と欠如とは同一のもののようにみえている。というのも、彼らは単一のものがもろもろの物体の下に横たわっていると主張して、別個に考察されるべき二つのものを同一のものの小と大と定義し、単一のものに還元してしまっているからである。また彼らはより大きいものとより小さいものとを区別しており、結果として二つのものが生じることになるのだが、その二つ一組のものを一つのものであると受けとめていて、それ以外のものを無視してしまっている。なぜなら、質料は母のようなものとして物体の形相化に協力するが、欠如は形相化に協力せず、むしろ阻害し抵抗するからである。形相は神的で欲求の対象であり、欠如はその反対である。そして質料は形相と照明を欲求する。それもみずからの自然本性に従ってそれを熱望する。これにたいして、もし欠如が形相を欲求するとしたら、みずからに反対するものを欲求することになるだろう。そして反対はすべて破壊をもたらす。したがって、欠如はみずからの破壊をもたらすものを欲求するといったようなことはなしえないだろう」云々。／アリストテレスは事物の原理〔始原〕と質料の本性にかんするみずからの見解を擁護しようとして、このように述べている。しかし、彼の話は意味が不分明なので、解説が必要だとおもわれる。彼は万有の三つの始原（tres origines universae rei）、形相、質料、欠如（species, silva, carentia）を提起している》（Calcidius, pp. 580–582)。

**3**　わたしたちはここまでアリストテレスの質料理論をプラトンのコーラ理論から区別している最も明白な特徴に固執してきた。しかしまた、両者はいくつかのアナロジーと類似点をも提示しているにちがいなく、それらがなくてはコーラとヒュレーとのこんなにも強靱で持続的な同一視は可能ではなかっただろう。古代の註解者たちも近代の解釈者たちも、両者において問題になっているのは「〜のうちにある」ことであると指摘してきた。そしてわたしたちもすでにコーラと質料とは「エン・ホイ（en hoi）」＝「どこか」において収斂すると合図してきた。しかしながら、まさしく質料とあらゆる物体がそこにあるのが見いだされる場所との同一視こそは、アリストテレスが距離をとろうとしているものなのである。アリストテレスは、彼の場所の理論を定義する瞬間にも、始原のカオス〔混沌〕

にかんするヘシオドスを誤った考えの一例として引用して、《彼は、もろもろの存在者にとってコーラ〔空間〕が存在することをまずもって定立する必要がある、という意味のことを述べている。というのも、他の多くの人々と同じように、彼も、すべてのものはどこかに、すなわち、或る場所のうちに存在する、と信じているからである》（『自然学』二〇八b三一－三二）と述べている。

もしアナロジーが存在するとしたなら、――これがわたしたちが示唆しようとしている仮説なのだが――それはむしろ、二つの学説の存在論的な側面よりはノエーシス的な側面のうちに探し求められるべきである。実際にも、『ティマイオス』の陳述のうちには、なにかステレーシスのようなもの、当の欠如態が欠いているもののなにがしかをそれでもなお保持している欠如態が姿を見せている箇所がある。わたしたちがとりわけ立ち止まって考察してきたくだり（五二b二）がそれであって、そこではプラトンは《一種の偽物の推理によって（logismoi tini nothoi）、感覚の力を借りずに（meth' anaisthesias）触れることのできる》第三の種類の認識の様態を描写している。"meth' anaisthesias" という特異な表現がたんに「感覚がない」という意味ではなく、いわば感覚が欠如した状態の知覚、感覚の働きの欠如をなにか肯定的なものへと、すなわち、現実化されたかたちで行使されることがないままに感覚する潜勢力ないし能力の所有へと変容することを含意しているのをわたしたちは見てきた。アリストテレスの質料理論はひとつの潜勢力もしくは可能態の理論である。そしてこの理論の本質的な部分は、彼が潜勢力はそれを行使する行為のうちにのみ存在すると主張する者たちにたいして倦むことなく繰り返し述べているように、その潜勢力は本来的にはそしてまずもっては無能力（adynamia）として、すなわち、現実態へと移行しないでいることができるもの（dynamis me energein）として存在するということなのである。《無能力は能力に反対する欠如（steresis）である。あらゆる能力はそれぞれに対応する無能力が属するのと同じものに属し、それが関係するのと同じものに関係している（tou autou kai kata to auto pasa dynamis adynamia）》とアリストテレスは書いている（『形而上学』一〇四六a二九－三二）。この意味で能力はなによりもまずステレーシス（steresis）の所有、欠如をもつことである。《可能的なものがそのようなものであるのは、或る場合にはそれが何ものかを所有しているからであり、或る場合には何ものかを欠如しているからである。しかし、欠如もまたなんらかの仕方でヘクシス（hexis 所有態）であるとするなら、可能的なものがそのようなものであるのは、それがなにがしかのヘクシスをもっているからであるか、ヘクシスの欠如をもっているからである》と『形而上学』一〇一九b五－八にはある。現実態へのあらゆる移行に先立って、可能的なものは自分自身によって触発されているのであり、いわばポテンティア・ポテンティアエ（potentia potentiae）、能力〔可能態〕の能力〔可能態〕なのである。

わたしたちが提出する仮説は、アデュナミア（adynamia 無能力）についてのアリストテレスのとらえ方は実際には『ティマイオス』においてコーラの知覚を可能にしているアナイステーシア（anaisthesia 感覚の欠如）のひとつの展開形態であるというものである。コーラの空間が開かれるのはわたしたちがわたしたちのアナイステーシアを知覚する瞬間においてのみであるように、質料と能力もしくは可能態とはまずもってはアデュナミアの形態において与えられる。現実態に移行しないでいることができる能力、あらゆる形相とあらゆる行為そしてなによりもまず自分自身にたいして純粋にして無形の下に横たわるものというかたちで与えられるのである。《質料は、可能態としては（kata dynamin）、それ自体において生成も消滅もしない。［……］もし質料が生成したとしたなら、この質料がそこから生成し、そこに内属する何ものかが下に横たわっている（hypokesthai ti）ことが必要となるだろう。しかし、この下に横たわっているものはその本性からして生成するよりも前にすでに存在しているのである（わたしはおのおのの事物の下に前もって横たわっているものを質料と呼ぶ）》（『自然学』一九二a二六―三二）。

アリストテレスのカテゴリー表では、さもなければ互いに遠く離れていただろうコーラと質料とは或るひとつの能力もしくは可能態との構成的な連関をつうじて交流しあう。『ティマイオス』の“meth' anaisthesias”では対象なしに感覚する能力の生起として、“adynamia”では欠如態の所有、現実態へ移行しないでいることができる能力として。いつものことながら、アリストテレスは、自分の思想を師の思想から区別しているものをはっきりさせるようつねに促されていて、師から受け容れたり取りあげ直したりしてきたもろもろのモティーフについてはこれを主題化しないほうが好ましいと考えているのだった。

# 第四章　センソーリウム・デイー

**I**　プラトンのコーラ理論のひとつの異例の再生が近代科学の最大の創建者の一人、アイザック・ニュートン〔一六四三 ‐ 一七二七〕の思想のうちに見いだされる。もし科学がつねに詩的想像力の要素をみずからのうちに含みもっているとするなら、「センソーリウム・デイー（sensorium Dei）」＝「神の感覚中枢」としての空間というニュートンのテーゼは西洋科学史における最も高度の詩的モーメントのひとつである。『光学』の「疑問」のなかで、一七〇六年のラテン語版以降、若干の変更をともないながら、このようなかたちで言明されたテーゼは、すでに同時代人のあいだで熱狂と不信を引き起こすこととなった。一七〇六年のラテン語版の「疑問 23」ではそのテーゼはつぎのように記されている。"Annon spatium universum, sensorium est Entis Incorporei, Viventis et Intelligentis; quod res ipsas cernat et complectatur intimas, totasque penitus et in se praesentes perpiciat; quarum id quidam, quod in nobis sentit et cogitat, Imagines tantum in cerebro contietur"〔《それとも、宇宙の空間は、〈非物体的で、生命があり、知性的な存在者〉の感覚中枢ではないのだろうか。それは事物それ自体を最も深くまで全面的かつ徹底的に探査し把握する。そしてみずからのうちに現前するものを洞察する。これらの事物のうち、わたしたちのうちで感覚し思考するものの〈像〉だけが脳のなかで凝視される》」。

　本の最初の部数がすでに印刷されていたあいだ、空間と感覚中枢との同一性は“tamquam”＝「あたかも〜であるかのように」という一句を導入することによって——“esse Entem Incorporem, Viventem, Intelligentem, Omnipraesentem, qui in spatio infinito *tamquam* in sensorio suo res ipsas intime cernat”〈《非物体的で、生命があり、知性的で、遍在的な存在者》が存在することは明らかではないのだろうか。その存在者は無限の空間で、それがあたかも彼の感覚中枢であるかのように、事物それ自体を最も深くまで探査する》〉——緩和されていたにもかかわらず、ニュートンのテーゼはすでに同時代人のあいだで——それを《空間を考察する最も気高く刺激的なやり方》と判断したジョーゼフ・アディソン〔一六七二－一七一九。イギリスのエッセイスト〕のそれのような熱狂的な賛同を別として——不信と居心地の悪さを惹き起こしていたのだった。しかし、宇宙の空間は「神の感覚中枢」のようなものであるというのは、しばしば繰り返し言われてきたように、必然的に正確さを欠いたものであらざるをえないメタファーではなくて、その系譜をたどって可能なかぎり明確な定義を供給することのできる哲学的な概念なのである。

　編者たちが一六六〇年代末ごろに書かれたとしているニュートンの没後に公表された著作「流体の重力と均衡について」を読んでみると、神と空間との必然的な結びつきは物体と延長とのあいだのデカルト的同一性を根本から問いに付すことと時を同じくして練りあげられていることがわかる。《一般には——と彼は書いている——デカルトは物体はその延長となんら異ならないことを証明したと考えられている。物体が欠くことのできる硬さ、色、重さ、冷、熱、その他の性質を取り除いてしまったなら、あとにはもっぱら、長さ、広さ、深さからなるその延長だけが残る。そしてこれこそは物体の本質に属する唯一のものである、というのである》（Newton, p. 21）。この見解を論駁するということは、ニュートンにとっては、《デカルト哲学の主要な基礎》を揺さぶることを意味しており、《延長とは何であり、物体とは何であり、両者の違いはどこにあるのか》を前もって定義することを含意している（Ibid.）。そしてここでニュートンは入念に検証する必要のあるいくつかの存在論的テーゼを提出することとなる。延長は実体としてか、偶有的なものとしてか、無として定義されることをわたしたちは期待するかもしれないが、《実際には、それはこれら三つのいずれでもないのである。というのも、それはそれに固有の存在様式（proprium existendi modum）をもっているからである》と彼は書いている。とくに注目されるのは、それが実体であることを排除することへと導いていった理由である。《それは実体ではない。というのも、それは絶対にそれ自体では存在しておらず、あたかも神の放出作用の結果であるかのようにして、またあらゆる存在者のなんらかの変状であるかのようにして（tamquam Deo effectus emanativus, et omnis entis affectio quaedam）存在しているからである》（Ibid.）。“Dei effectus emanativus”〔神の放出作用の結果〕という特異な表現はどこからやってきたのだろうか。またそれは何を意味しているのだろうか。ニュートンがヘンリー・モア〔一六一四－一六八七。イングランドの哲学者・神学者。ケンブリッジ・プラトン学派の一人〕の思想に影響されていたことは知られている。だが、いまの場合には、モアに由来するものであることは確実にして正確なことである。モアの最も普及した本のひとつで、ニュートンがケンブリッジで学生として読み欄外に注を書きこんでいた『魂の不死』の公理16は、実際にもつぎのように謳っている。《放出的な原因（emanative cause）ということで、わたしたちはたんに存在しているという事実によって、そしてそれ以外の活動や原因となるものが介在することなしに、ひとつの結果を産み出すような原因のことを言おうとしている》（More [1], p. 27）。ひいては、続く公理17は《放出的な結果はそれの原因であると言われるものの〈実体〉そのものと共存する（An emanative effect is coexistent with the very Substance of that of which is said to be the cause thereof）》（Ibid., p. 28）と結論している。

延長を神の放出作用の結果として定義する特殊な存在論的様態について省察してみよう。神的な実体は、それが現実に存在するという事実だけで、延長を存在させるが、この延長は神的な実体から或る時点で創造された客体として区別されるのではなく、神的な実体と永遠に共存する。ニュートンがすぐあとで導入している「アフェクティオー（affectio 変状）」という概念は、この延長の特殊な存在論的様態が何であるかを明確にする。それはアリストテレス・タイプの実体主義的存在論のモデルに従って外から実体に付け加えられる属性ないし質ではない。そうではなくてむしろ、様態論的存在論のパラダイムに従って、すでにつねに直接にその現実存在の結果として存在している変状もしくは様態なのである。

サミュエル・クラーク（一六七五－一七二九。イングランドの哲学者、聖公会の聖職者）とライプニッツの往復書簡はこの視点に立ったところからいくつかの有益な明確化を供給している。ニュートンにたいして、もし空間が実在的で絶対的な存在であるなら、そのときには空間は永遠で無限の存在であることにならざるをえず、こうして《一部の人たちを空間は神であるとか、あるいは神の属性のひとつ、すなわち広大無辺性であると考えるよう導いていったのであるが、空間は部分をもつので、神には適合しない》と異議を申し立てたライプニッツに（Leibniz-Clarke, p. 14）、クラークは彼の良き指導者《メンター》ニュートンの名において語って、空間は存在でも事物でもなく、むしろ、無限で永遠の存在者の存在に由来する《ひとつの固有性もしくは帰結（a property or a consequence）》であり、そのようなものとして、神によって以外には、あるいは神の外では存在しないと答えている（Ibid., p. 19）。しかしながら、ニュートンは「固有性」としての空間という定義で満足しているわけにはいかないはずだった。というのも、彼は往復書簡の編者に手紙を書き送って、もし《言語の避けがたい不完全さゆえに》固有性とか質とかいった術語が利用されているとしても、それはこれらの術語が論理学や形而上学を論じている者たちによって使われている意味においてではないことを序文で訂正するよう求めているからである。彼が言わんとしているのはただ《空間と持続はすべての存在者の存在の様態、それも無限の様態であり、現実的に、必然的に、そして実質的にどこにでも現前していて永遠の存在である実体の存在の帰結である》ということであるというのだった。スピノザ・タイプの様態論的存在論への参照指示がなされていることは、ここでは明白である。延長は神的な実体の固有性もしくは属性でなくて、その実体がそのなかにおいて存在している様態のひとつであり、その変状もしくは変化様態なのだ。

ℵ　スピノザの『エチカ』では、神ともろもろの有限な様態との関係は変状（affectio）というかたちで表現されている（第一部定義五――《様態とは実体の変状のことであると解する（per modum intelligo substantiae affectiones）》。第一部定理二八証明――《有限で限定されたものは神の或る属性の絶対的本性から産み出されることができない。ゆえにそれは神の或る属性が或る様態に変状したとみられるかぎりにおいて神ないし神の属性から生起しなければならない（debuit ergo ex Deo, vel aliquo eius attributo segui, quatenus aliquo modo affectum consideratur）》）。変状ないし変状させられる能力は『エチカ』の基本的概念のひとつであるが、それをどう捉えるかはいまだにまったく決着を見ていない。

**2**　ニュートンが空間の本性を定義するためにアフェクティオーの概念に固執しながら、コーラにかんする『ティマイオス』のくだり――そこではプラトンは、現実に存在するものは或る場所に存在していなければならず、地にも天にも存在しないものも無ではないと述べている――を引用しているのは注目に値する。《空間は存在者であるかぎりでの存在者の変状（entis quatenus ens affectio）である。なんらかの仕方で空間に関わっていないものはなにひとつとして存在せず、存在しえない。神はいたるところに遍在しており、創造された精神はなんらかの場所に（alicubi）存在している。また物体はそれが占める空間のなかに存在している。そしていたるところにもなんらかの場所にも存在しないものは現実に存在しない。このことから、空間は最初に存在する存在者の放出作用の結果（effectus emanativus）であるということが出てくる。なぜなら、存在者が定立されたなら、それがいかなるものであれ、空間が定立されるからである》（Newton, p. 25）。

このことは――とニュートンはことわっている――空間が神の身体であるということ、《神は物体のようにして延長しており（ad instar corporis extendi）、分割しうる部分からなっているということ》を意味するものではない（Ibid., p. 26）。空間において問題になるのは、むしろ、それが世界のうちに現前している様態である。というのも、《それぞれの存在者はそれが空間に現前する固有の様態をもっている》からである。空間は神が世界のなかに現前している姿そのものである。《もし空間が存在しなかったとしたなら、神はどの場所にも現前せず（nullibi adfuerit）、自身が現前していなかった空間を第二番目の瞬間に創造しなければならなくなるだろう。あるいはこれに劣らず不条理なことにも、みずからの遍在性を創造しなければならなくなるだろう。実際にも、もしわたしたちが空間のなかには何も存在しないと想像することができるとして、しかしながらわたしたちは空間が存在しないと考えることはできないだろう（tamen non possumus cogitare non esse spatium）》（Ibid., p. 26）。

ここでもまた、長く続く後裔をもつことになるこの最後の論点は、モアから採られている。モアは『無神論への対抗策』において、たとえ質料が存在しなくても、神的な本質の広大無辺性は空間全体を余すところなく占めているだろうし、空間は神的な本質の分割しえない実体のいわば《写し（Replication）》でしかないだろうと断言したのち、その空間を《わたしたちはわたしたちの空想のなかで想像しないでいることはできない（which we cannot disimagine in our Phancy）》と付言している。そしてこの《無限の空間の必然性についての避けがたい想像力（unavoidable imagination）》は神が必然的に存在することの証拠である、と（More [1], p. 163）。

もしわたしたちが空間が存在しないと想像することができないとしたなら、それは空間が自立した実体ではなく、神的な実体の変状もしくは放出的結果（モアは Amplitude〔広大〕および Immensity〔無辺〕とも称することになる）に過ぎず、神的な実体が世界に現前する様態そのものだからである。だが――とニュートンは付言するだろう――空間の存在は世界の存在に依存してはいない。というのも、《空間は、きみが神は世界を創造したとき同時に自分自身のうちに空間を創造したと言うのでないかぎり、世界が存在するところでも存在しないところでももはや空間ではない》からである（Newton, p. 27）。

**3**

プラトンのコーラ理論とのアナロジーが力強く姿を現わすのはこの点においてである。ニュートンがそこから彼の哲学的概念の枠組みを引き出しているようにおもわれるオクスフォードとケンブリッジのプラトン主義の伝統を代表しているモアにとっては、形而上学の対象は、スコラ哲学の伝統において言われるような存在者であるかぎりでの存在者（ens quatenus ens）ではない。こちらは論理学の管轄権限に属すると彼は言う。《存在者であるかぎりでの存在者は形而上学ではなくて論理学の対象である（Ens quatenus ens non est Obiectum Metaphysicae, sed Logicae)》（More [2], p. 5)。そうではなくて、形而上学の対象はいわば存在の彼岸（もしくは此岸）に向かう何ものかである。この何ものかは非物体的な実体であって、その最初の例はまさしく《質料から区別された、一般に内なる空間ないし場所と呼ばれている、不動の延長の存在なのである》（Ibid., p. 42)。この空間は《なにか想像上のもの（Immaginarium quiddam）ではなくて、実在しており、それどころか、神的なものである》（Ibid., p. 64)。実際にも、わたしたちは《それを思考していようと思考していよまいと（sive de ea cogitemus sive non cogitemus)、すべての事物に無限に行き渡っていて、現実に運動する質料とは区別された、不動の延長のようなものが存在しており、今後も存在しつづけるだろうと考えないわけにはいかない》（Ibid., p. 6）のだ。

ここで注目されるのは、まさに『ティマイオス』におけるのと同様、わたしたちがこの無限の延長を認識するさいの様態である。すなわち、わたしたちはこの延長を思考しないではいられないし、想像しないではいられないというのである。空間の実在性はなにかわたしたちが思考もしくは想像の能力の自由な行使をつうじて認識するものではない。それはむしろ、なにかわたしたちが「想像しないでいる」ことはできないものなのだ。想像力の（そして一般に認識の）どのような身分が想像しないではいられないことに対応しているのだろうか。ここでは想像力と思考とは――「感覚の欠如によって」知覚されるコーラの偽物の推理同様――外部の対象を知覚するのではなく、知覚すべき物体ないし存在者に先立って、あるいは不在のなかで、みずからが想像するのをやめることができないことを知覚するのである。想像しないでいることのできない想像力が〈空間〉を想像するのであり、純粋の開かれ、《あらゆる方面から有限の質料を取り囲む無限の延長》（Ibid., p. 43）を想像するのである。そしてこれは、コーラと同様、事物《もの》ではなく、現実存在の純粋の放出的結果、感覚をもった神としての世界の純粋の生起であって、ピュタゴラス派の者たちが示唆しているように、《神はこの空間のなかで呼吸すると言われるのである（respirare dicatur in hoc Spatio）》（Ibid., p. 66）。実体の純粋の自己変状である空間に想像力の純粋の自己変状である《想像しないでいることのできないこと》が対応しているのである。

**א**　デュナミスという概念をつうじて、アリストテレスは実は主体の変状であったことどもを主体の能力に変容させることに寄与してきた。たとえアリストテレスにおいては本来の意味での主体の理論が存在するとは言えないにしても、まさしく可能態の現実態への移行によって、古典思想にはは無縁であった意志の概念を呼び起こしたというのは注目に値する。思考は《それを望むときにはいつも意のままに（hopotan bouletai）》現実態に移行する（『魂について』四一七b二四）。このようにして、変状させられうることが主体が自由にできる能力に転化する。だが、変状させられうることは認識する主体の行為とは異なる何ものかなのであって、もし知解と感覚の作用がまずもっては或る存在の変状としてとらえられ、能力ないし可能態としてとらえられないとしたなら、認識の理論全体が最初から再考されなければならないだろう。

**4** この厳密な存在論的カテゴリー化作業から出発してのみ、『光学』に姿を見せている神の感覚中枢としての空間という学説を理解することは可能となる。ここでもふたたび、クラークとライプニッツの往復書簡がいくつかの重要な留意点を供給してくれる。《空間は神が事物を知覚するさいに用いる器官である》と主張しているということでニュートンを批判するライプニッツに、クラークは、ニュートンにとって感覚中枢は器官ではなく、事物にたいしての、また事物のなかにあっての、神の現前そのものであり、これをつうじて神は世界を知覚し認識するのだと応答する（Leibniz-Clarke, pp. 4–5）。そしてライプニッツが折り返しクラークに異議を唱えて、《神がすべての事物を知覚している理由は、たんに神が現前しているからだけでなく、神がすべての事物に働きかけているからでもあるのです》、そして《神は事物のうちに善いものや完全なものを不断に産出する活動によって事物を保存するのであり、神はみずからが何をおこなっているのかをもちろん意識していらっしゃいます》と述べると（Ibid., p. 9）、クラークはこれにたいして、神が事物を知覚するのは、スコラ哲学的な連続的創造のパラダイムに従って神が事物に働きかけるからではなく、単純に《神が生命があり叡知的で遍在的な存在である》からだと応答している（Ibid., p. 12）。ニュートンは汎神論との非難を回避するために、慎重にも「あたかも〜であるかのように（tamquam）」という一句を挿入して自分のテーゼのラディカルさを緩和しようとしていたにもかかわらず、空間と神の感覚中枢とを同一視しているのはたんなるメタファーではない。神はあたかも空間をひとつの器官であるとでもいうかのようにみなして、空間を媒体として事物を知覚するのではなく、直接無媒介に空間のなかにあって事物を知覚する。というのも、空間は神の現前の感性的な形式であり、同時に、神の感覚中枢だからである。すなわち、空間は神の外にある実在ではなくて、生命があり思考する存在としての神の感性そのもののひとつの変状なのである。

ここで問われている決定的な問題は、神と世界とが切り離しえない関係にあることを両者の不活性な同一視におちいることなしに思考するにはどうすればよいのか、という問題である。質料とは異なる神的実体の自己変状もしくは放出的結果であるととらえられた延長は、このように神と世界とが切り離しえない関係にあることを思考するのを可能にする。神と世界とは、こう言ってよければ、延長を共にしている。そして事物や物体がそのなかに置かれている空間は神の現前そのものであり、同時にまた、神が事物や物体を知覚するさいの器となる感覚中枢である。まさしくこの内在性こそ、ライプニッツが神の《超世界的》性格を打ち出すことによって排除しようとしているものにほかならない。《この考えを批判する人々は――とライプニッツは汎神論のかかしを振りかざしてみせながらクラークに書き送っている――、神は世界的知性体 (intelligentia mundana)、すなわち世界霊魂だと言うつもりなのでしょうか。願わくはそうでないことを！　ともあれ、このような立場におちいらないよう気をつけたほうがよいでしょう》(Ibid., p. 26)。

神と空間とがこのうえなく親近な関係にあり、ほとんど合致していることは、なぜモアもニュートンも、神の真の名はマコム（Makom）＝場所であるとしていたカバラー学者たちの学説と近いところにいると感じていたのか、そして一方で、ライプニッツがまさしくこの近さのうちにニュートンの学説を待ち伏せして罠にはめる曖昧さを見てとっていたのか、その理由を説明してくれる。質料とは区別された広大無辺の本源的な空間というとらえ方が実際には神的な本質を表象したものであるということは――とモアは書いている――《コルネリウス・アグリッパ〔一四八六－一五三五。ルネサンス期ドイツの魔術師〕によると、場所を神の属性のうちに算え入れているというカバラー学者たちの学説と驚くほど一致している》（More [2], p. 74）。そしてほんの少し前のくだりで、二十にものぼる神の属性もしくは名を列挙したあと、《神はカバラー学者たちのもとではマコム、すなわち場所と呼ばれている（ipsum Divinum Numen apud Cabbalistas appellari Makom, id est locum）ことは言及するまでもなく》と短く付言している（Ibid., p. 70）。

א　十三世紀にオクスフォードで教えていたロバート・グロステスト〔一一七五ごろ－一二五三。イングランド出身の神学者・科学者〕の光の学説は、モアの空間の学説となにがしか類似したものを呈している。グロステストが『光について』で言明している、それまで耳にしたことのない新奇なテーゼは、光と物体の形相とは同一であるというものである。《何人かの人々が物体的なもの（corporeitatem）と呼んでいる物体の第一形相は光であるとわたしは断言する》（Grosseteste, p. 112）。ここでは、グロステストが「物体的なもの」ないし「物体の第一形相」と呼んでいるものと質料とを区別する必要がある。実際にも、『創世記』の物語では、神は最初に光を創造したことになっているが、それは光こそはその本性からして無限の圏域のなかであらゆる方向に拡散していって物体にそれらの形相と空間におけるそれらの大きさを与えるからなのだった。《実をいうと、形相はそれ自体としては単純で大きさを欠いていて、それが質料にその各部分にわたって大きさを与えるのは、みずから数多化し、直接無媒介にあらゆる場所に延長していって、延長するなかで質料をみずからに引き寄せることによってしか、可能ではなかったのだった。形相そのものは質料から切り離すことはできず、質料も形相から切り離すことができないことからしてである》(Ibid.)。

だが、空間にかんするモアのテーゼの本当の先駆者は、十四世紀前半にオクスフォードで神学を教えていたトマス・ブラッドウォーディン〔一三〇〇ごろ－一三四九〕である。大著『神の原因について』第一巻第五章の全部で五節からなる論述の系は、断固としてつぎのように言明している。《神は、本質的かつ現前的に(essentialiter et presentialiter)、いたるところに、世界とそのすべての部分だけでなく、世界の外の想像上の無限の場所もしくは空虚にも(in situ seu vacuo imaginario infinito)存在する。このため神は本当に広大無辺にして無限であると言われうるのである。ほかのもろもろの理由からも広大無辺にして無限であると言われうるとしてもである。〔……〕このことから、物体のいない空虚は存在しうるが、神のいない空虚なるものはけっしていかなる仕方においても存在しないことが明らかになる》。世界における神の親密な現前もしくはほとんど「注入」と言ってよいものは神による創造行為に依存してはおらず、神と永遠性を共にしている。《神は世界を職人として作ったのではない。職人の場合には、彼が製作した箱は彼の外にあって、製作されているあいだも別の場所にいる。こうして職人は自分が製作するものと接触していながらも、別の場所に座を占めており、ひいては彼が製作するものにたいして外在的な関係にある。これにたいして、神は世界に注入されつつ世界を製作するのであり（Deum autem infusus mundo fabricat）、いたるところに存在しながら製作するのであり、みずからを世界からいかなる仕方においても切り離すことはせず、自分が製作する資材を外部から流しこむことはせず、自分が作るものを威厳をもって作り、威厳をもって自分が作るものを統御する。神は世界の中に世界が作られてきたのと同じようなかたちで存在していたのだった。［……］神は世界の中に永遠にみずから自身で存在したのであり、これと同じ理由で、どこにでも、空虚のなかであれ、想像上の無限の空間のなかであれ、存在したのであり、いまでもいたるところに、世界の外に存在しているのである》（Bradwardine, pp. 177 seqq.）。

**5** モアとニュートンが延長と質料（あるいは物体）とは異なると執拗に主張するとき、何が問題になっているのかをその含意のすべてにおいて理解する瞬間がやってきた。論争の標的は、両者の場合とも、質料と延長との同一性（モアの言葉では《質料と延長の相互交換（mutua materiae et extensione reciprocatio）》）にかんするデカルトの断定的なテーゼであり、ホッブズの『リヴァイアサン』第三十四章における《実体と物体とは同じものを指している（substance and body signify the same thing）》のだから《非物体的な実体というのは一緒に結びつけられたときには互いに破壊しあう言葉である（substance incorporeal are words, which, when they are joined together, destroy one another)》という同じく確固とした定理である。だからこそ、ニュートンとモアは空間は実在すると断言しながらも、実体ではなくて、変状とか、放出的結果とか、現実存在の様態について語るほうを選んでいるのだった。さらに理解する必要があるのは、まさしく、「非質料的延長」という連辞は何を意味しうるのかということである。すなわち、肝要なのは、それを理論化した当人たちも時として安易にもおちいっている誤解に従って、空間をその物体性から解き放たれた質料として、物体が移動したあとに残された空虚として考えることではないのである。知性がそれに特有の仕方でプラトンのコーラやニュートンの空間を思考するときに知覚するものは、対象でもなければ本質でもなく、あるいはたんに知性がその中にいるのが見いだされる場所でもない。そうではなくてむしろ、存在者の純粋の自己変状、それが現実に存在し現前している「様態」、それの「どのように」である。もし、ニュートンが倦むことなく繰り返し言明しているように、空間とは《存在者であるかぎりでの存在者の変状（entis quatenus ens affectio)》のことであり、《なんであれ存在者によって定立されるものによって確立された空間（posito quolibet ente ponitur spatium)》のことであるなら、存在者とその空間的変状、存在者が現実に存在し空間化している様態とのあいだには、どのような関係が存在するのだろうか。またもっと一般的に、存在者とその変状とのあいだの、あるいは実体とその存在様態とのあいだの関係を――ここでなおも関係ということが語りうるとして――どのように思考すべきなのだろうか。

ここでは関係は二つの切り離された事物や言葉のあいだではなく、或るひとつの事物とそれが立ち現われて認識の作用に与えられること、或るひとつの存在者とその認識可能性もしくは立ち現われのあいだに成立していることは明らかである。或るひとつの存在者とその立ち現われのあいだのこの関係を実体的な関係から区別するために、それを「現象学的な関係（relazione fenomenologica）」と呼ぶことができる。ここで問題となるのは、世界における二つの存在者のあいだの関係、認識する主体と認識される客体のあいだの関係ではなく、或るひとつの存在者と――spatium＝「空間」という語はpatere＝「開いている」から派生したという、すでに想起しておいた語源に従って――その「パテンツァ（patenza）」もしくは開かれと呼びうる、中世思想が「インテンティオー（intentio）」＝「志向」という名称によっても知っていたもののあいだの関係である。そしてこの開かれのほうは、実体ではなくて、純粋の様態――quidもしくは「なにを」ではなくて、「どのように」でしかないもの――なのである。

近代思想は、まさしくわたしたちが関わっている時期に、なによりもまずもってはデカルトによるこの関係の除去とともに誕生する。延長と質料を同一視することによって、デカルトは、何度となくはっきり宣言しているように、中世哲学のもろもろの非質料的なインテンティオーの無益な横溢を取り除いたのだった。しかし、このことは、実際には、存在者とその現われ、事物とその認識可能性のあいだの現象学的な関係を場外に追いやってしまったことを意味している。物体と思考、レース・エクステンサとコーギタ―ティオーのあいだには、なんらの媒体も必要ではない。認識は認識する主体と認識される客体のあいだの関係に尽きる。もしプラトンの伝統が存在者たちの認識の問題ではなく、なによりもまずもってはそれらの認識可能性の問題、すなわち、事物とそれを認識しうるものにするものとのあいだの関係の問題を思考していたのだとするなら、いまやこの関係が永続的に隠蔽されてしまう。カントを待つ必要があるのは、その関係が新たに提示されているからである。たとえ、現象していることども（Erscheinungen）の認識を制限する、認識不可能な物自体という、半分に分割された形態においてであるとしてもである。しかし、ハイデガーとともにのみ、その関係は新たに――アリストテレス的存在論の設備を受け入れたことに含まれるありとあらゆる困難と矛盾をともなってではあるものの――存在と存在者の差異というかたちで主題化されることになるのだった。

この論考でわたしたちがおこなおうとしてきたように、コーラと空間の問題を提起し直すということは、叡知的なものと感性的なもの、そしてまた認識とその対象とのあいだには第三のもの（tertium）が存在するということ、そしてなおもつねに思考を待ち受けている任務は存在者をそのコーラにおいて、あるいはヘルダーリンの言葉を借りるなら《その現われの手段において（in dem Mittel (moyen) seiner Erscheinung)》――つまりはその「どのように」＝「様態」において観照することであるということを想起することを意味しているのである。

付録

# 准教授採用試験のための講義

註記――ここに公刊するテクストは、一九八七年におこなった美学准教授採用試験のための講義のテクストである。読めば明らかになるだろうように、この講義は本書のいくつかの基本的テーマを先取りしている。

この講義のテーマは「カント、ハイデガー、美学の問題」である。したがって、わたしはこれら二人の著者のあいだの関係についてたんに歴史的に再建するにとどまることなく、或るひとつの根本的な美学的カテゴリー――仮象というカテゴリー――に立脚して、この関係の中心にあるようにわたしにはおもわれる哲学的な問題を述べることに努めたい。すなわち、或るひとつの純然たる哲学的な問題を――大学の講義という範囲内で、配慮すべき点を慎重に配慮しながら――述べることがこの講義の眼目にほかならないのである。

ハイデガーのカント論――公刊されたのは一九二九年であるが、草稿が執筆されたのは『存在と時間』と時期を同じくしていた『カントと形而上学の問題』――の中心的なテーマは、他の二つの根本源泉（Grundquellen）たる感性と悟性と並ぶ認識の根本源泉としての超越論的構想力の自立性――そして或る意味では優先性――の主張である。ハイデガーは、この目的のために、しばしば非難されてきた解釈学的暴力をはたらいて、カントが『純粋理性批判』の第二版で削除するか変更していた第一版の一連のくだりを容赦ない分析に付す。ハイデガーによると、第二版ではカントは超越論的構想力のなかで開示されていたあらゆる認識の知られざる根源を前にして後退してしまったのだという。こうして超越論的構想力は自立した能力であることをやめ、その源泉的性格を失って、悟性を前にして後退してしまう。そしていまや悟性があらゆる総合にとっての起源として機能する特権を獲得するにいたる。認識の三つの根本源泉は、こうして感性と悟性、受容性と自発性という二つに還元されてしまう。超越論的構想力が理性に開いていた深淵は、その縫合の痕跡をテクストのなかに残したまま、ふたたび閉じられてしまうのである。《探求のラディカルな転回のなかでカントは形而上学の可能性をこの深淵（Abgrund）の前に連れていった。そして未知のものを見て後退せざるをえなくなった》とハイデガーは書いている。

これにたいして、わたしはカントが実際にはけっしてこの深淵を凝視することをやめてはおらず、それどころか、『判断力批判』のなかで新たにそれと向き合っていること、そして最後に、彼の晩年の未完の著作において、さらにはっきりとラディカルな仕方でそれとの対決に立ち戻っていることを示してみたいとおもう。

わたしの分析を《仮象（Schein）》の概念から始めたい。カントは『純粋理性批判』の「超越論的分析論」の最後で、すべての対象をフェノメノン〔感性的認識の対象。現象〕とヌーメノン〔超感性的な純粋悟性の対象。可想体〕へ区別すると言明するほんの少し前に、《真理の王国》を乗り越えがたい境界の内部に閉ざされ、四方八方を仮象の大海に囲まれた島として描写している。《この王国は自然そのものによって揺らぐことのない境界のうちに閉じこめられた島である。それは真理の王国であって、なんとひとを誘惑してやまない名だろう、仮象の国である広大で荒々しい大海に囲まれている。そこでは多くの霧峰とすぐにも消え失せる多くの氷山が立ち現われては新たな陸地であるかのような幻想を与える。そして新しい発見を求めてさまよっている航海者を空しい希望によってたえず惑わせて、冒険へと引きずりこんでいく。その冒険から航海者はけっして逃れることができず、一からやり直すこともできない》。少しあとでは、フェノメノンとヌーメノンの区別について記した箇所で、感性的直観の所与にのみ関わりうるはずのもろもろの悟性のカテゴリーを経験の対象を超えたところにまで不当に拡大するよう追いやっていく《回避するのがむずかしい錯覚（eine schwer zu vermeidende Täuschung）》のことを新たに想い起こしている。

この《仮象》の概念とこれと連関した《錯覚》の概念は、これに続く「反省概念の多義性についての註解」のなかでもしばしば登場する。しかしながら、その概念がそのパラドクシカルな性格を余すところなく顕わにして極端な帰結にいたるまで展開されているのは、カントが注目すべきことにも《仮象の論理学（Logik der Schein）》と定義している「超越論的弁証論」においてである。実際にも、ここでは、カントが超越論的と呼ぶ仮象は、もはやたんに《回避するのがむずかしい》だけではなく、まさしく《回避しえない（unvermeindliche）》。超越論的な仮象は、論理的な仮象と異なって、それの惑わしにひとが気づいていたときでも出現することをやめない、とカントは書いている。論理的な仮象はその正体が見破られるやいなや消散していくのにたいして、《超越論的な仮象は、だれかがすでにその正体を露わにし、超越論的批判をつうじてそれが何ものでもないことを見破ってしまったときでも、なお存在するのをやめることがない。〔……〕したがって、超越論的弁証論は、もろもろの超越的判断が仮象であることを露わにし、同時にまた、その仮象によって惑わされるのを防止することができれば、それで満足するだろう。だが、この仮象が消散したり仮象であることをやめるようにすること、このことは超越論的弁証論のだんじてなしうるところではないのである。〔……〕こうしてわたしたちはここで自然的で回避しえない錯覚と関わることになる》というのである。

わたしたちは仮象をなにか消滅することによって真理を出現させるものと考えることに慣れている一方で、ここではわたしたちはその正体が露わになったあとも存続している仮象（Schein）、したがって本来的にはいつまでも消えることのない仮象というパラドクスに直面している。この観点からは『純粋理性批判』は、しだいに仮象の奥深くへと分け入っていき、ついにはますますこんがらがった仮象の諸形態に絡めとられてしまう、或るひとつの旅として提示される。そして哲学者〔カント〕はみずからの錯覚の抑えがたい性格を経験する《さまよっている航海者》として提示される。だが、この仮象の本質は何なのだろうか。それはどのようにして、またなぜ産み出されるのだろうか。またどうしてそれが仮象であることがわかったときでも消滅しないのだろうか。

カントは――これが彼がしばしば立ち戻っている「超越論的分析論」と「超越論的弁証論」の要点のひとつなのだが――ここで起きているのは、わたしたちがもろもろのカテゴリーの超越論的使用をそれらの経験的使用と取り違えていて、ひいては悟性の純粋の対象、何ものか一般＝ｘを特定の対象と受けとっているということなのだ、と示唆している。すなわち、純粋に超越論的な意味を有していて、なんらの用途も有していないもろもろのカテゴリー（今日であれば、なんらの外延、なんらのベドイトゥング Bedeutung〔表示内容〕も有さない術語と言うことができるだろうもの）を、あたかも経験の対象に関わるものであるかのようにみなして使っているというのである。

悟性は或る対象に何ものにも関わっていないものを関わらせる。ヌーメノンを思考する唯一正当な仕方は、それゆえ、ヌーメノンをそれのなかでは概念一般の純粋な形式以外の何ものも思考されていない限界概念（Grenzbegriff）として思考するという仕方である。この限界概念も回避しえない概念であるが、しかしながらそれは空虚な空間以外にはなんらの対象もわたしたちに与えない。それでは――とわたしたちはまたもや問う――なぜこの空虚な空間のなかでひとつの仮象が産み出されるのだろうか、なぜ回避しえないが空虚な概念が同じく回避しえない仮象を産み出すのだろうか、と。ことによると、この空虚な概念のなかにはなにかわたしたちの眼を逃れていて仮象がその痕跡であるようなものが存在しているのではないだろうか。

《このような事態が起きるのは——とカントは繰り返すにとどまっている——思考がもろもろの表象のあらゆる可能な特定の秩序に先行しているからである。ここではわたしたちは何ものかを一般的に思考しており、その一方でそれを感性的に規定している。しかしまた、わたしたちは抽象的に表象された対象一般をそれを直観するこの仕方から区別している。そのときには、わたしたちには、対象をたんに思考によって規定する仕方が残ることになるが、それにもかかわらず、それはわたしたちには対象がわたしたちの感官の働きに制限されている直観に関わることなく自存している仕方であるように映る（scheint）のである》と。カントが説明していないのは、この《内容をもたないたんなる論理的形式（blosse logische Form ohne Inhalt）》がシャイネン（scheinen）することができるのは、姿を現わし、光り輝く（これもそのドイツ語の動詞の意味のひとつである）ことができるのは、どのようにしてなのか、ということである。ここでは、関わるなんらの対象も存在しないときに、なぜ志向性、何ものかへの関わりが存続しているのだろうか。感性のなかに含まれているものに先行するようにみえる受容性がどのようにして悟性のなかに存在しうるのだろうか。ここでは、ハイデガーによるとカントが『純粋理性批判』の第二版において慌てて埋め合わせようとしたという悟性と感性、受容性と自発性の分裂を超えたところにある認識の根源的源泉としての超越論的構想力の根本的身分の痕跡のようなものが示されているのではないだろうか。カントが真理の王国の所在地をスケッチしたときに思い浮かべていたすぐにでも消えてしまいそうな氷山は、なぜけっして消えてなくならないのだろうか。

無

1
対象を欠いた空虚な概念
ens rationis

2
概念の空虚な対象
nihil privativum

3
対象を欠いた空虚な直観
ens imaginarium

4
概念を欠いた空虚な対象
nihil negativum

これらの問いに答えるために、「超越論的分析論」の最後に掲げられている無の概念の諸形式を分類する図表に立ち止まってみたい。この図表は、いまでは廃れてしまって、思考になんらの実質的内容も提供しているようにはみえない、スコラ哲学的練習問題のひとつとして提示されている。ハイデガーが、彼の思想のなかでは無の概念が中心的な場所を占めているにもかかわらず、この図表には辛うじて触れているにすぎないのは、おそらくこのためである。それでも、外見にはそのようには見えないものの、この図表は或るひとつの決定的な問題を内包している。カントは無の四つの規定を区別している。そのうちの二つは、いわば積極的な規定であり、他の二つは消極的な規定である。

2番と4番には問題はない。«nihil privativum»〔欠如的な無〕はたんに否定もしくは《影とか寒さのように対象が不在のものの概念》であり、«nihil negativum»〔否定的な無〕は《二辺からなる直線図形》のように自己矛盾した概念の対象である。これにたいして1番の«ens rationis»〔思考的な存在〕と3番の«ens imaginarium»

〔想像的な存在〕はカントにとっては断然いっそう重要な概念であって、立ち止まって考察する必要がある。«ens rationis» は、まさしく物自体やヌーメノンがそうであるように、それになんらの対象も対応しない概念である。これにたいして、«ens imaginarium» の例は純粋な空間と純粋な時間であって、いずれも実体をともなわないたんなる直観の形式である。前者は «leere Begriffe»、そのなかではなにも本来的には思考されていない空虚な概念であり、これにたいして、後者は «leere Data zu Begriffen» である、とカントは書いている。この最後の言い回し――《概念にたいしての空虚な所与》――はとても奇妙な言い回しであるため、一九一〇年に出た『純粋理性批判』イタリア語版の訳者たち――ジョヴァンニ・ジェンティーレ〔一八七五－一九四四〕とジュゼッペ・ロンバルド・ラディーチェ〔一八七九－一九三八〕――は誤訳してしまったほどだった。しかも、彼らのしでかした誤訳はその後のすべての版でも訂正されないまましつこく生き延びている。すなわち、彼らは《概念の空虚な所与(vuoti dati di concetti)》と訳してしまったのである。ハイデガーによるとカントは超越論的構想力の深淵に直面して後退してしまったとのことであるが、まさしくこれと同様に、概念と思考にたいして空虚が生じるというパラドクスに直面して彼らは後退してしまったのだった。

ここにいたって、無のこれら二つの形像の問題的な身分が白日のもとに露呈されることとなる。«ens imaginarium» において空虚が生じることをわたしたちはどのように思考することができるのだろうか。また «ens rationis» にかんしていうなら、無を思考する思考なるものを何ものが思考するのだろうか。ここでわたしたちは、一方では、受容性、空虚としてのみわたしたちに提示される直観をもっており、他方では、自発性、そのなかでは無が思考されている思考をもっているのである。『純粋理性批判』の要石を構成している、受容性と自発性という認識の二つの本源的源泉の必然的な結合は、ここでは断ち切られてしまっているようにみえる。そして、この切断のなかにあって、まるで第二版で削除されていた超越論的構想力というもうひとつの認識の源泉が否定的なかたちで姿を現わしたかのようなのだ。ハイデガーのカント解釈はこうしてさらなる確認を見いだすことになるだろう。すなわち、感性と悟性以前のところに、何ものも思考しない思考が存在するのと同じように、何ものも提示しない受容性が存在するのである。そしてこの無の上に「超越論的弁証論」の消し去りえない仮象は張り渡されているのである。

さてつぎには、カントは無のこの二つの形像のパラドクシカルな身分について問うのを実はけっして放棄していなかったこと、それどころか、彼の晩年の思考は、この問題についての、強迫観念に取り憑かれてほとんど熱に浮かされたかのような省察以外のものではなかったことを示してみたい。『遺稿集』においてこのモティーフが再浮上しているのを検証する前に、『判断力批判』の「崇高なものの分析論」というタイトルをもつセクションをざっと見ておきたい。「崇高なものの分析論」を選んだのは、そこにおいて問題がとりわけドラスティックなかたちで現われているからである。しかし、第三『批判』書〔『判断力批判』〕全体がこの方向での読解をゆるしてくれるのではないかとおもっている。カントは崇高なものを《自然に到達することの不可能性をもろもろの理念の呈示として思考するよう心を規定する》表象であると定義している。そして入念にも、もろもろの理念はいかなる場合にも呈示されえないことからして、表象の努力はここでは必然的に空しいものとなる、とことわっている。《しかし、この努力とそしてまた構想力には理念に到達する能力がないという感情とが〔……〕自然そのものをその全体において主観的になにか超自然的なものの呈示として思考するよう、この呈示が実際に産み出されることはできないままに、わたしたちを強いる》。

崇高なものの経験においては――ここで経験について語ることが許されるとして――構想力はたしかにその限界を超えたところにまで連れて行かれるが、この構想力の跳躍のうちには《しかしながら、そこにすがりつくことのできる感性的なものを超えたものはなにひとつ見いだされない》。カントは、ここでは《感官はもはや自己自身の前になにひとつもっていない》という事実を何度となく執拗に主張している。すなわち、崇高なものの呈示は純粋に否定的なものなのだ。そこではなにひとつ本来の意味では呈示されていないのである。正当なことにも、ジャン＝リュック・ナンシー〔一九四〇―二〇二一〕は、「崇高なものの分析論」にかんする最近の研究のなかで、《ここでは表象が誕生しているが、それは何ものも呈示していない。純粋の呈示は呈示そのものであるかぎりで何ものも呈示しないのである》と書くことができたのだった〔cf. Jean-Luc Nancy, "L'offrande sublime," in: Michel Deguì et al., *Du sublime* (Paris: Belin, 1988)〕。これらの考察は、ここではやむなく走り書き的なものになってしまったが、崇高なものにおいて問題になっている否定的な呈示と«ens imaginarium»において《空虚が生じること》とのあいだに類比関係が存在するのを浮き彫りにすることを許可してくれるとわたしはおもっている。

しかし、ここでもまた、カントは純粋に否定的な呈示をどのように考えうるのかを根底まで突きつめては説明していない。

『純粋理性批判』において解決されないままになっていた問題が取りあげ直されて、解決とまではいかなくとも、少なくともその問題をいっそう突きつめて意識的な定式化にまで立ちいたっているのは、『遺稿集』においてである。この未完の著作について一言二言述べておくなら、この著作にカントは何度か彼の最も重要な著作であるとでも言うかのようにして言及している。そしてカントの偉大な著作群のあいだにあってなにかシンデレラ姫のような存在でありつづけているが、書誌が作成されてきたものの十分というにはほど遠い唯一の著作である。そうしたなかで、アカデミー版の二十一巻と二十二巻にかんしてヴィットリオ・マチュー〔一九二三－二〇二〇〕が監修したイタリア語訳は雑然とした草稿群を系統的に整序したという大きな功績がある。しかしながら、とりわけ形而上学から自然学への移行の問題にもとづいて解釈を方向づけたことが、このカントの最後の労作の含意するところをすべて余すことなくマチューがつかみ取るのをさまたげてしまったのだった。

カントはここではまさしく、例の《空虚な所与（leere Data）》から、«ens imaginarium» において、すなわち、純粋な空間と純粋な時間とにおいて問題となっている概念にたいしての空虚の生起から、そしてヌーメノンおよび経験することは能わないが彼の時代の自然学によって存在すると想定されていた力、エーテル、質料という概念など、外見上は空虚な概念から出発している。すなわち、『純粋理性批判』の基本的諸前提のひとつを構成していた、認識の二つの本源的源泉への分割を新たに思考しているのである。二つの源泉のうちの前者では或る対象がわたしたちに与えられ、後者ではそれが表象と関連させて思考される。『純粋理性批判』の要石をなしているのは、認識はこれら二つの本源的源泉の結合からしか生じえないということであった。だが、いまカントは自問する。それでは、《ens imaginarium》において、純粋な空間と純粋な時間とにおいて生じている《空虚の生起》はどのようにして可能となるのだろうか、そもそも空虚を思考することは可能なのだろうか、対象をもたない受容性とそれ自体空虚な自発性とにおいていったい何が問題になっているのだろうか、と。純粋な空間と時間、ヌーメノン、質料、そしておそらくはもろもろの重力が、もはや超越論的な《仮象》という理念をつうじては根絶できないという主張の前に彼を直面させる。実際にも、この理念は『遺稿集』では、一点を除いては、全面的に崩壊してしまう。その一点とは、わたしたちの見方によると最後のカントを解釈するにあたって中心的な重要性を有している或るひとつの新しい概念――《現象の現象(Erscheinung einer Erscheinung)》という概念、出現すること自体の出現という概念――にこの理念が席を譲っている一点のことである。

ほとんどマニアックなまでに何度となく繰り返しカントは『純粋理性批判』において最終的に解決されたかにみえた純粋な空間および純粋な時間の身分に立ち戻ってはそれを問いに付している。第七束と第十一束の頁を満たしている実に数多くのほとんど同一の言い回しのうちの一例を引いておこう。《空間と時間は直観の対象ではない。実際にも、もしそうであったとしたなら、それらは実在する物であっただろう。そして、わたしたちがそれらを対象としてわたしたちに表象することができるようになるために、もうひとつの直観を要求することになっていただろう。こうしてそのような事態はどこまでも無限に続くことになってしまうだろう。もろもろの直観は、それらが**純粋**であるときには知覚ではない。というのも、知覚であるためにはおそらくそれらが意味を限定することが要求されるからである。しかしながら、もろもろの純粋の直観が時間そのものに知覚への原理、たとえば天体の引力を与えるのは、どのようにすれば可能となるのだろうか。［空間と時間は直観の対象ではなく］、ア・プリオーリな総合的命題と超越論的哲学の可能性の原理を内含しているかぎりで、直観の主観的形式である。すなわち、あらゆる知覚よりも前にある現象（Erscheinungen vor allen Wahrnehmungen）なのである》。《あらゆる知覚よりも前にある現象》という、『純粋理性批判』で用いられていた術語では意味をもたなかったであろうようなこの表現にあなたがたの注意を想起させたいとおもう。ここでは、あらゆる具体的な経験に先行する或るひとつの現象的な次元が、まるでなにか現象性のようなものが感性的経験の前に、もろもろの現象の前に生起しうるとでも言うかのようにして生じている。それらの束に収められている草稿群は、空間と時間は直観の形式であるばかりでなく、直観そのものである、と倦むことなく繰り返している。それらのなかで何が直観されるのかは、それらは純粋な直観であるかぎりでそれらの直観は定義からして対象を欠いていることからして、たとえわたしたちがあなたがたになにか質料のようなものを提出したとしても、明確ではないとしてもである。たとえば、空虚な空間についてカントは書くことができている。《空虚な空間にはなんらの経験もそれの対象についてのなんらの指示内容も存在しえない。或る質料の存在について教えられるためには、わたしはわたしの感官に或る質料が影響を及ぼすことを必要とする。したがって、「空虚な空間が存在する」という命題は、けっして、直接的にも間接的にも経験にもとづいた命題ではありえず、たんに推理にもとづくものでしかない》と。

カントがここで取り組んでいる問題は、『純粋理性批判』では問題含みであるようにはみえなかった、受容性という認識の本源的源泉の身分である。どのようにして「源泉」のようなものが生起しうるのだろうか。また、どのようにして純粋の受容性、すなわち、あらゆる現象よりも前にある現象性なるものを思考することができるのだろうか。もしも«ens imaginarium»としての純粋な空間と純粋な時間が純粋の無であり、たんなる空虚な推理であるとしたならである。というのも、それらは空虚なままにとどまってはおらず、知覚に質料もしくは物質と重力といったもろもろの原理を提供しているからである。

このためにカントは『遺稿集』において、エーテル、すなわち感性的なものに満ち溢れた空間の存在をかくも決然として断言するのである。あらゆる可能な経験の根底にあって、あらゆる感性的物体に先行する一種の質料である。エーテルの存在は、カントにとってはなんら経験的な事実ではないが、だからといって、たんに仮説的な事実でもない。それは、なんらかの仕方で、ほんとうに避けがたい仮象、絶対に必然的な«ens rationis»であって、そのなかでは何ものかがたんに思考されるだけでなく、経験されることはないにもかかわらず、それでも思考に与えられるのである。カントは『純粋理性批判』の観点からすればたんにばかげたものでしかなかったであろうような式文でもって、エーテルとは《感性的なものにされたが、感官にではなく思考に与えられた空間》であると書いている。

したがって、何ものかが《entia imaginaria》としての純粋な空間と時間の空虚な生起のなかで与えられ、同じようにして、何ものかが物自体とかエーテルとか質料といった《entia rationis》のなかで思考されるのである。いったい何が問題になっているのだろうか。

カントが《現象の現象（Erscheinung einer Erscheinung）》という理念を持ち出すのはここにおいてであって、この理念についてできるかぎり明確化することに努めてみたい。純粋直観としての空間と時間や、感性的なものにされた純粋な空間としてのエーテルや、物自体においては、わたしたちが関係するのはもろもろの現象ではなくて、主観が現象のなかで対象によってではなく、自分自身によって、自分自身の受容性によって触発される様態である。《現象の現象とは――とカントは書いている――主観がそれによって自分自身を印象づける形式的なものの表象であり、自分自身にたいして自発的にひとつの対象となったもののことである》。別の束では《現象の現象とは自分自身を触発する主観の現象のことである》と述べられている。同じことは物自体についても反復されていて、物自体についてどうやらカントは驚くべきことにもニーチェ的な響きがする定義を与えているようなのだ。《物自体はなにか別の対象ではなく、同じ対象にたいするなにか別の表象の関係である。［……］《ens rationis=x》は同一性の原理に従った自己定立であり、そこでは主観は自己触発するものとして、ひいては形式としては現象としてのみ思考される》。純粋な受容性の生起の根底には自己触発が存在している。

認識の本源的な源泉は問いに付しえないア・プリオーリな所与ではなく、――これが『遺稿集』の新しいところなのだが――構成的に自己触発という形式を有しているのである。そしてこれが認識の可能性そのものと一致するのである。

いまわたしたちはおそらくこの講義の過程で《ens imaginarium》の空虚な生起と《ens rationis》の空虚な思考についてわたしたちに何度となく立ててきた問いに答えるよう試してみることができる。空虚な贈与のなかで生起していることと空虚な思考のなかで思考されていることとは同一のことがら、すなわち、純粋な自己触発である。それのなかで主観は自分自身に触発され、みずからの受容性をこうむる。そして、このようにして、その語の語源的な意味において《アッパッシオナーレ（appassionare）》される〔このイタリア語は「情熱をかきたてる」「熱中させる」「感動させる」といった意味であるが、その語源をなすラテン語 patior には「こうむる」「受苦する」という意味もある〕。みずからを感受し、みずからに与えられる。そして同時に世界に開かれるのである。『遺稿集』の一節はこの独創的な贈与の性質を認識の二つの源泉についてのカントの学説の意味が完全に変容させられてしまっている定式化において表現している。《認識は直観と概念を把握する。わたしはわたし自身に与えられており、わたし自身によって対象として思考されるのである。何ものかが存在している。そしてわたしはたんに論理的な対象および述語ではなく、知覚の対象でもある。思考しうるだけでなく与えうる（dabile non solum cogitabile）存在なのだ》。純粋な自己触発のなかでは、この自己の自己への贈与のなかでは、認識の二つの本源的な源泉は余すところなく合致する。純粋な受容性と純粋な自発性とは自己のパッシオーネ〔情熱／受苦〕のなかで一致する。或るひとつの注記はあらゆる疑いを超えてこのことを断言している。《定立と知覚、自発性と受容性、客観的関係と主観的関係は同時に（zugleich）生じる。というのも、両者はいずれも主観が触発されるさいの様態の現象であるかぎりで同一であり、ひいては主観の行為そのもののなかでア・プリオーリに与えられるからである》。この自己触発、この出現することそのものの出現への到来こそは、認識の二つの本源的源泉がそれらの共通の出所に潜入していくかのようにしていま潜入していこうとしている深淵にほかならないのである。

わたしたちがそこから出発した消去しがたい仮象の概念に立ち戻るなら、第一『批判』書〔『純粋理性批判』〕が錯覚として提示していたものがここでは自発性と受容性よりも本源的なものとしてあらゆる認識の根底に存在する自己触発になっていることがわかる。《現象の現象は外見すなわち仮象（die Apparenz, das ist der Schein）である》ともうひとつの注記は明言している。

したがって仮象は真実、消去しえないものだったのである。それについては航海者は一からやり直すことができない。というのも、それのなかでは認識の出所そのもの、主観の自己自身への純粋の贈与が問題になっているからである。真理の島の地形図は、実のところ、一見そう見えたよりもはるかに込みいっているのだ。超越論的構想力のうちにより本源的な開かれを探し求めていたハイデガーの解釈は、この意味では的を射ていた。しかし、この出所の深淵に直面して、カントは最終的に後退してしまったわけではなく、むしろ晩年にはそこに立ち戻ってそれをその難点のすべてにおいて思考しぬこうとしているのだった。そしてわたしは、そこでは自己贈与以外の何ものも贈与されていない本源的な自己のパッシオーネ〔情熱／受苦〕というこのパラドクシカルな概念のみが、もしハイデガーとともにカントを徹底的に思考しぬこうとする美学があるとするなら、その美学の本来の場所を提供することができるのではないか、とおもっている。

# 訳者あとがき

今回ここに『現実化しえないもの――存在論の政治に向けて』と題して訳出したジョルジョ・アガンベンの著作 *L'irrealizzabile. Per una politica dell'ontologia*（二〇二二年）は、それぞれ独立したものでありながらも互いに関連しあった二本の論考と一篇の付録からなる。

なお、原書のサブタイトル "Per una politica dell'ontologia" を本書では編集部の要望で「存在論の政治に向けて」としたが、不定冠詞 una には、アリストテレスに始まる「西洋の存在論的な政治的マシーン」に取って代わる、新しい存在論の政治という意味が込められている。したがって、正確には「或るひとつの」という限定を付すべきだっただろう。あるいは、そもそも本論では「存在論の政治」という言い方は一度もなされていないのだから、サブタイトルは削除したほうが誤解を生む怖れを回避できたのかもしれない。

＊

わたしたちは今日、可能的なものと現実的なもの、本質と現実存在を区別することに慣れ親しんでいる。このため、これらの区別はわたしたちには自明で言わずもがなのことのようにみえる。だが、実をいうと、これらの区別は、長きにわたる骨の折れる過程をつうじて、「存在」を互いに対立するとともに密接に絡まりあった二つの断片に切り離すことへと導いていった結果もたらされたものなのだった。

本書でアガンベンが提出する仮説は、西洋の存在論的な政治的マシーンは、ほかでもない、思考にとっての本来の先決的な対象であると西洋の存在論がとらえてきた当の「存在」の、アリストテレス『形而上学』の術語を借りるなら、可能態（デュナミス）と現実態（エネルゲイア）への切り離しに依拠して作動しているのであって、この切り離しがなかったとしたなら、学問的認識も可能でなければ、西洋の歴史的潜勢力の特徴をなしている、人間の諸活動を持続的に統制し指導する政治的能力も可能ではなかっただろう、というものである。

こうした仮説に立ったところから、本書でアガンベンは持ち前の忍耐強い系譜学的探求をつうじて、古代ギリシアにおいてこのように「存在」が可能態と現実態へと切り離された経緯と西洋の哲学と政治におけるそれ以後の分節化の過程を批判的にたどり直そうとしている。

＊

うち、第一論文「現実化しえないもの」では、アガンベンは、まず導入部で、政治において哲学を実現すること＝現実化することをめぐっての初期マルクスのテーゼと、それとヘーゲルの『精神現象学』における弁証法との関係を再考する。そしてヘーゲル弁証法の奥義をなす「アウフヘーベン」という語はルターのドイツ語訳『ウルガータ聖書』から借用したものであったことを再確認したうえで、しかしまたその元をなしているパウロの「カタルゲオー」という動詞には、「揚棄する」以外に「働かなくさせる」という意味があったこと、ひいては「カタルゲオー」は「作動させる、実現する」を意味する「エネルゲオー」の反対語であったこと、そしてこのパウロの述言のうちには可能態と現実態の関係についてのアリストテレス的とらえ方にたいする批判がうかがえることに読者の注意をうながしている。

さらにアガンベンは論述をプラトンの「哲学者王」のこころみにまでさかのぼらせる。そして哲学者王においては、哲学者の力と君主の力とは同一の主体のなかで合一しているのであって、二つの力が合一しているということこそが哲学にとっても政治にとっても現実であり真理にほかならない、ひいては両者の力はすでに現実であるかぎりで現実化を必要としないというか、本来、現実化しえない――とミシェル・フーコーの『自己と他者の統治』における指摘を参照しながら主張している。

そして最後にアガンベンは、哲学は政治のなかで現実化しうるものでも現実化すべきものでもなく、すでにそれ自体において完全に現実的なものであるように、ヴァルター・ベンヤミンの「神学的・政治的断章」においても、メシア的なものは歴史的な生起のなかにあって現実化しえないものにとどまり続けることによってのみ作動するとされていることに想起をうながしたのち、《メシア的なものの根源的な異質性はそれが新しい歴史的秩序のなかで顕現するための計画も計算も許さないのであって、絶対的に脱構成的な現実的審級としてのみ、この新しい歴史的秩序のなかに姿を見せることができるにすぎない。そして構成された権力のなかで現実化されることのない可能態は脱構成的な可能態と定義される》という言葉でもって導入部を締めくくっている。

＊

ついで本論では、アガンベンはまず第一章で、「レース（res）」というラテン語の系譜を、とりわけ古代ギリシア思想が中世ラテン哲学へ伝承される過程で十一世紀ペルシアの哲学者アウィケンナ（イブン・スィーナー）をはじめとするアラブ・イスラーム圏の哲学者たちの演じた媒介者的役割に意を用いながら丹念にたどっている。また第二章では、神の現実存在をめぐって中世から近世にかけて展開された存在論的議論を、神の現実存在が証明可能か否かといった、通常よくおこなわれる観点からではなく、その証明がなされるさいにとられる様相ないし様態の観点から考察している。そして哲学的議論がそれ自体文法的省察と密接不可分の関係にあることを確認したのち、第三章では、哲学と言語活動との関係という観点に立ったところからそれまでの存在論的議論をあらためて取りあげ直すとともに、ここでも、可能的なものはそのままに現実的なものであり、ひいては現実化しえないとの結論を導き出している。

アリストテレス以降の西洋の存在論的議論の骨格をなしてきた「可能態から現実態へ」という図式に取って代わる「脱構成的可能態（potenza destituente）の理論」については、アガンベンはすでに〈ホモ・サケル〉シリーズの最終巻『身体の使用』（二〇一四年）においても輪郭を素描していた。ここには、その「脱構成的可能態の理論」のひとつの実りゆたかな深化の過程を確認することができる。

＊

第二論文「太古の森——コーラ 空間 質料」は、プラトンが『ティマイオス』で叡知的なものと感性的なものと並ぶ「第三の類」と定義しているコーラ、すなわち、対象をもたない純粋の受容性の経験としての「空間」ないし「場所」について、それを「シルウァ（sylva 森）」になぞらえたカルキディウスの『ティマイオス』註解に着目したところからの新たな読解のこころみである。ここでも、コーラを質料（ヒュレー）と同一視しようとしたアリストテレス以降の存在論的議論に取って代わる、様態論的な存在論の可能性が模索されている。ジャック・デリダの「コーラ」論への批判も含めて、二読三読に値するコーラ論であると言ってよい。

なお、アガンベンは冒頭の「註記」で、第一論文と第二論文の関係について、以下のように説明している。本書の特色が手際よく描き出されており、ここに再掲しておく。

《本書を構成している二つのテクストはそれぞれ独立したものであるが、後者は——著者の場合にはこれまでもしばしば起きてきたように——前者がそこで閉じられてしまったテーマを多かれ少なかれ意識して深化させ発展させるために生まれている。或る対象ではなく、或る認識可能性の認識としての可能性にかんする、前者の論考で浮上していた学説は、後者の論考では、そこで展開されるプラトンのコーラ、対象なき純粋の受容性の経験としての空間‐質料の読解に対応している。それゆえ、それら二つのテクストは、思考をそれ本来の第一義的な対象である「物」に返還しようとする二つのこころみとして、連続して読むことができる。哲学は科学でもなければこれから実現すべき理論でもなく、すでに完全に現実的な、そしてそのようなものであるかぎりで、現実化できない可能性である。そして、この可能性に執着して離れようとしない政治こそが、唯一の真の政治なのである》。

＊

付録は、アガンベンが一九八七年にマチェラータ大学で美学准教授採用試験のためにおこなった「カント、ハイデガー、美学の問題」と題する講義のテクストである。著者も注意をうながしているように、そこでは本書のいくつかの基本的テーマが先取りされている。

＊

最後ながら、編集の実務にあたってくださったみすず書房編集部の川崎万里さんに感謝する。

二〇二四年十二月　　　　　　上村忠男

追記

二〇二五年一月中に原書の英訳 Giorgio Agamben, *The Unrealizable: Towards a Politics of Ontology*, translated by Alberto Toscano (Seagull Books, 2025) が刊行予定だが、校了後で参照できなかった。

# 人名索引

## ア　行



## カ　行

## サ　行



## タ　行



## ナ　行

## ハ 行



## マ 行

## ヤ　行



## ラ　行

# 文献一覧

Adorno, Theodor Wiesengrund

*Dialettica negativa*（Torino: Einaudi, 1970）. テオドール・W・アドルノ著、木田元・徳永恂・渡辺祐邦・三島憲一・須田朗・宮武昭訳『否定弁証法』（作品社、一九九六年）。

Agamben, Giorgio

［1］*Opus Dei: Archeologia dell'ufficio*（Torino: Bollati Boringhieri, 2012）. ジョルジョ・アガンベン著、杉山博昭訳『オプス・デイ――任務の考古学』（以文社、二〇一九年）。

［2］*L'uso dei corpi*（Vicenza: Neri Pozza, 2014）. ジョルジョ・アガンベン著、上村忠男訳『身体の使用――脱構成的可能態の理論のために』（みすず書房、二〇一六年）。

Agamben, Giorgio et Brenet, Jean-Baptiste

*Intellect d'amour*（Lagrasse: Verdier, 2018）.

Alexander of Aphrodisias

*Alexandri Aphrodisiensis praeter Commentaria Scripta minora*, edidit Ivo Bruns（Berlin: Reimer, 1887）.

Anselm of Canterbery

*Saint Anselme de Cantorbéry, Fides quaerens intellectum, id est Proslogion*, Texte et traduction par Alexandre Koyré（Paris: Vrin, 1982）. カンタベリーの聖アンセルムス著『プロスロギオン』、古田暁訳『アンセルムス全集（全一巻）』（聖文舎、一九八〇年）所収。

Bardout, Jean-Christophe

"Note sur les significations cartésiennes de la réalité," *Quaestio*, 17（2017）, pp. 177–197.

Baumgarten, Alexander Gottlieb

*Metaphysica*（Halle: Hemmerde, 1739）.

Benjamin, Walter

*Gesammelte Schriften*, hrsg. von Rolf Tiedemann und Hermann Schweppenhäuser, II–1（Frankfurt-am-Main: Suhrkamp, 1977）.「神学的・政治的断章」、ヴァルター・ベンヤミン著、山口裕之編訳『ベンヤミン・アンソロジー』（河出文庫、二

○一一年）所収。

Benveniste, Émile

“Essere e avere nelle loro funzioni linguistiche,” in: *Problemi di linguistica generale*, traduzione di M. Vittoria Giuliani, vol. I (Milano: il Saggiatore, 1971), pp. 79–91.「《be》動詞と《have》動詞の言語機能」（河村正夫訳）、エミール・バンヴェニスト著、岸本通夫監訳、河村正夫・木下光一・高塚洋太郎・花輪光・矢島猷三共訳『一般言語学の諸問題』（みすず書房、一九八三年）。

Bergson, Henri

*Le possible et le réel*. Dirigé par Frédéric Worms. Édité par Arnaud Bouaniche (Paris: PNF, 2011).「可能的なものと現実的なもの」、アンリ・ベルクソン著、竹内信夫訳『新訳ベルクソン全集7 思考と動くもの』（白水社、二○一七年）。

Bernardus Silvestris

“Cosmografia e Commento a Marziano Capella,” in: Teodorico di Chartres, Guglielmo di Conches, Bernardo Silvestre, *Il divino e il megacosmo*, Testi filosofici e scientifici della scuola di Chartres, a cura di Enzo Maccagnolo (Milano: Rusconi, 1980). ベルナルドゥス・シルヴェストリス「コスモグラフィア（世界形状誌）」（秋山学訳）、上智大学中世思想研究所編訳・監修『中世思想原典集成8 シャルトル学派』（平凡社、二○○二年）所収。

Boehm, Rudolf

*Das Grundlegende und das Wesentliche* (Den Haag: Martinus Nijhoff, 1965).

Boulnois, Olivier

“L'invention de la réalité,” *Quaestio*, 17 (2017), pp. 133–154.

Bradwardine, Thomas

*Thomae Bradwardini [...] De causa Dei contra Pelagium [...] libri tres* (Londini: 1618); cf. Alexandre Koyré, *Études d'histoire de la pensée philosophique* (Paris: Gallimard, 1971), pp. 82–84.

Brisson, Luc

*Le même et l'autre dans la structure ontologique du 'Timée' de Platon* (Paris: Klincksieck, 1974).

Calcidius

*Commentario al 'Timeo' di Platone*, a cura di Claudio Moreschini (Milano: Bompiani, 2003). カルキディウス著、土屋睦廣訳『プラトン「ティマイオス」註解』（京都大学学術出版会、二○一九年）。

Courtine, Jean-François

*Suarez et le système de la métaphysique* (Paris: PUF, 1990).

D'Alverny, Marie-Thérèse

“L'introduction d'Avicenne en Occident,” *La revue du Caire*, 27, no. 141 (1951),

Millenaire d'Avicenna, pp. 130–139.

Davide di Dinant

*I testi di David di Dinant. Filosofia della natura e metafisica a confronto col pensiero antico*, a cura di Elena Casadei (Spoleto: Centro italiano di studi sull'Alto Medioevo, 2008).

De Cues, Nicolas

*Trialogus de possest* (Paris: Vrin, 2006). ニコラウス・クザーヌス著、大出哲・八巻和彦訳『可能現実存在』(国文社、一九八七年)。

De Rijk, Lambertus Marie

*Logica modernorum*, II (Assen: Van Gorcum, 1967).

Derrida, Jacques

[1] "Chora," in: *Poikilia. Études offertes à Jean-Pierre Vernant* (Paris: EHESS, 1987). ジャック・デリダ著、守中高明訳『コーラ』(未來社、二〇〇四年)。

[2] "Comment ne pas parler. Dénégations," in: *Psyché. Inventions de l'autre* (Paris: Galilée, 1987).

[3] "Nous autres grecs," in: AA.VV., *Nos Grecs et leurs modernes* (Paris: Seuil, 1992). ジャック・デリダ著、加賀野井秀一訳「〈われら(他なる)ギリシア人〉」、岩波講座『現代思想5 構造論革命』(岩波書店、一九九三年)所収。

[4] *Voyous. Deux essais sur la raison* (Paris: Galilée, 2003). ジャック・デリダ著、鵜飼哲・高橋哲哉訳『ならず者たち』(みすず書房、二〇〇九年)。

Descartes, René

[1] *Responsiones*, in: *Oeuvres de Descartes*, edité par Charles Adam et Paul Tannery, t. VII (Paris: Cerf, 1904). 所雄章編訳『[増補版] デカルト著作集2 省察および反論と答弁』(白水社、二〇〇一年)。

[2] *Meditations*, in: *Oeuvres* cit.　同上。

Diano, Carlo

*Studi e saggi di filosofia antica* (Padova: Antenore, 1973).

Duhem, Pierre

*Système du monde. Histoire des doctrines cosmologiques de Platon à Copernic*, t. I (Paris: Hermann, 1913).

El-Bizri, Nader

"On KAI ΧΩΡΑ: Situating Heidegger between the Sophist and the Timaeus," *Studia Phaenomenologica*, 4 (January 2002), pp. 73–98.

Esposito, Costantino

"L'impossibilità come trascendentale. Per una storia del concetto di impossibile da Suárez a Heidegger," *Archivio di filosofia*, LXXVIII (2010), n. 1, pp. 297–314.

Foucault, Michel

*Le gouvernement de soi et des autres* (Paris: Seuil-Gallimard, 2008). ミシェル・フーコ

ー著、阿部崇訳『ミシェル・フーコー講義集成12 自己と他者の統治（コレージュ・ド・フランス講義（1982−1983年度）』（筑摩書房、二〇一〇年）。

Fraccaroli, Giuseppe

Platone, *Il Timeo,* tradotto da Giuseppe Fraccaroli. *Il pensiero greco*, vol. I (Torino: Fratelli Bocca Editori, 1906).

Franciscus de Mayronis

*Tractatus de formalitatibus* (Venetiis 1520), in: Caroline Gaus, *Etiam realis Scientia. Petrus Aureolis konzeptualistische Transzendentalienlehre vor dem Hintergrund seiner Kritik am Formalitatenrealismus* (Leiden-Boston: Brill, 2008).

Franciscus de Marchia

*Quaestiones in Metaphysicam*, I, q. 1, hrsg. von Albert Zimmermann, in: Id., *Ontologie oder Metaphysik? Die Diskussion über den Gegenstand der Metaphysik im 13 und 14 Jahrhundert* (Leuven: Peeters, 1998).

Friedländer, Paul

*Platon. Eidos. Paidea. Dialogos* (Berlin: de Gruyter, 1954).

Fujisawa, Norio

"Echein, Metechein and Idioms of Paradeigmatism in Plato's Theory of Forms," *Phronesis*, 19 (1974), pp. 30–57.　藤澤令夫「プラトンのイデア論における「もつ」「分有する」および「原範型——似像」の用語について——その世界解釈における思惟の骨格」『藤澤令夫著作集II　イデアと世界』（岩波書店、二〇〇〇年）、一〇七 - 一六〇頁。

Gaunilo

*Gaunilonis liber pro insipiente, in: Anselme de Cantorbéry, Fides quaerens intellectum*, Texte et traduction par Alexandre Koyré (Paris: Vrin, 1982)〔カンタベリーの聖アンセルムス著『プロスロギオン』、古田訳、前掲『アンセルムス全集（全一巻）』の「ある人はこれに対し何を愚か者のために代弁するか」を参照。ここにある「ある人」とはガウニロのことであるとされている〕。

Gauvin, Joseph

"Les dérivés de 'Res' dans la Phénoménologie de l'esprit," in: *Res. III Colloquio Internazionale del Lessico Intellettuale Europeo (Roma,7–9 gennaio 1980)*. Atti a cura di Marta Fattori e Massimo Bianchi (Roma: Ateneo, 1982).

Gilson, Étienne

*L'Être et l'essence* [1948] (Paris: Vrin, 2000[3]). エティエンヌ・ジルソン著、安藤孝行訳『存在と本質』（行路社、一九八一年、改訂版一九八六年）。

Graham, Angus Charles

"Being in Linguistics and Philosophy. A Preliminary Inquiry," *Foundations of Language*, 1 (1965), pp. 223–231.

Grosseteste, Robert

*Metafisica della luce*, introduzione, traduzione e note di Pietro Rossi (Milano: Rusconi, 1986).

Hamesse, Jacqueline

"Res chez les auteurs philosophiques des XII et XIII siècles ou le passage de la neutralité à la specificité," in: *Res. III Colloquio Internazionale del Lessico Intellettuale Europeo (Roma, 7–9 gennaio 1980)*. Atti a cura di Marta Fattori e Massimo Bianchi (Roma: Ateneo, 1982).

Happ, Heinz

*Hyle. Studien zum aristotelischen Materie-Begriff* (Berlin-New York: De Gruyter, 1971).

Hegel, Georg Wilhelm Friedrich

*Lezioni sulla storia della filosofia.* Traduzione di Ernesto Codignola e Giovanni Sanna (Firenze: La Nuova Italia, 1932). G・W・F・ヘーゲル著、長谷川宏訳『哲学史講義 I 〜Ⅳ』(河出文庫、二〇一六年)。

Heidegger, Martin

[1] *Einführung in die Metaphysik* (Tübingen: Max Niemeyer, 1952). マルティン・ハイデッガー著、川原栄峰訳『形而上学入門』(平凡社ライブラリー、一九九四年)。

[2] *Vorträge und Aufsätze* (Pfullingen: Neske, 1954).「物」、マルティン・ハイデガー著、森一郎編訳『技術とは何だろうか——三つの講演』(講談社学術文庫、二〇一九年) 所収。

[3] *Sein und Zeit* (Tübingen: Niemeyer, 1972[12]). ハイデガー著、熊野純彦訳『存在と時間』全4巻 (岩波文庫、二〇一三年)。

[4] *Heraklit*, Gesamtausgabe, Bd. 55 (Frankfurt-am-Main: Klostermann, 1987). マルティン・ハイデッガー著、辻村誠三・岡田道程・アルフレド・グッツオーニ訳「ヘラクレイトス」『ハイデッガー全集』第55巻 (創文社、一九九〇年)。

Hölderlin, Friedrich

"Anmerkung zum Oedipus," in: *Hölderlin Sämtliche Werke*, hrsg. von Friedrich Beissner, Bd. V (Stuttgart: Kohlhammer, 1954). 「『オイディプス』への注解」(手塚富雄訳)、手塚富雄責任編集『ヘルダーリン全集4 論文・書簡』(河出書房新社、一九六九年)。

Isar, Nicoletta

"Chora: Tracing the Presence," *Review of European Studies*, 1, 1 (June 2009), pp. 39–55.

Jolivet, Jean

"Aux origines de l'ontologie d'Ibn Sina," in: Id., *Philosophie médiévale arabe et latine*

(Paris: Vrin, 1995), pp. 221–236.

Kant, Immanuel

［1］*Werke in sechs Bänden*, hrsg. von Wilhelm Weischedel (Wiesbaden: Insel Verlag, 1960).

［2］*Kritik der reinen Vernunft*, in: Id., *Werke* cit., Bd. II. イマヌエル・カント著、熊野純彦訳『純粋理性批判』（作品社、二〇一二年）。

［3］“Der einzig mögliche Beweisgrund zu einer Demonstration des Daseins Gottes,” in: Id. *Werke* cit., Bd. I.「神の存在の唯一可能な証明根拠」（福谷茂訳）、坂部恵・有福孝岳・牧野英二編『カント全集3 前批判期論集 III』（岩波書店、二〇〇一年）。

［4］*Opus postumum, passaggio dai principi metafisici della scienza della natura alla fisica*, a cura di Vittorio Mathieu (Bologna: Zanichelli, 1963)〔坂部恵・有福孝岳・牧野英二編『カント全集18 諸学部の争い／遺稿集』（岩波書店、二〇〇二年）所収の『遺稿集』にはアガンベンが取りあげている箇所は訳出されていない〕。

Kordi, Sotiria

“The Chora parekklesion as a Space of becoming,” PHD Thesis, University of Leeds, February 2014.

Lampert, Laurence, and Planeaux, Christopher

“Who is Who in Plato’s Timaeus and Critias and why,” *The Review of Metaphysics*, n. 205 (September 1998), pp. 87–125.

Leibniz, Gottfried Wilhelm von

［1］*Die philosophischen Schriften von Gottfried Wilhelm Leibniz*, hrsg. von Carl Immanuel Gerhardt, I–VII (Berlin: Weidmannsche Buchhandlung, 1878–1890)〔「実体の本性、実体相互の交通、ならびに精神と物体の結合を説明するための新説」の最初の草稿については、ライプニッツ著、河野与一訳『単子論』（岩波文庫、一九五一年）に邦訳が収録されている〕。

［2］“De ratione cur haec existant potius quam alia,” in: Id., *Sämtliche Schriften und Briefe*, VI, *Philosophische Schriften*, hrsg. von Heinrich Schepers (Berlin: Akademie Verlag, 1999).

Leibniz, Gottfried Wilhelm and Clarke, Samuel

*Correspondence*, edited with an introduction by Roger Ariew (Indianapolis-Cambridge: Hackett, 2000)「ライプニッツとクラークとの往復書簡」（米山優・佐々木能章訳）、G・W・ライプニッツ著、下村寅太郎・山本信・中村幸四郎・原亨吉監修、西谷裕作・米山優・佐々木能章訳『ライプニッツ著作集9 後期哲学』（工作舎、一九八九年）所収。

Lizzini, Olga

“Wugud-Mawgud / Existence-Existent in Avicenna. A Key Ontological Notion in Ara-

bic Philosophy," *Quaestio. The Yearbook of the history of Metaphysics*, n. 3 (2003), pp. 111–138.

Lovejoy, Arthor O.

*La grande catena dell'essere* (Milano: Feltrinelli, 1991). アーサー・O・ラヴジョイ著、内藤健二訳『存在の大いなる連鎖』(ちくま学芸文庫、二〇一三年)。

Majorana, Ettore

"Il valore delle leggi statistiche nella Fisica e nelle Scienze sociali," in: Giorgio Agamben, *Che cos'è reale?* (Vicenza: Neri Pozza, 2016). エットレ・マヨラナ「物理学と社会科学における統計的法則の価値」、ジョルジョ・アガンベン著、上村忠男訳『実在とは何か――マヨラナの失踪』(講談社選書メチエ、二〇一八年)所収。

Marx, Karl

"Differenz der Demokritischen und Epikureischen Naturphilosophie," in: *Marx-Engels Werke*, Bd. 40 (Berlin: Dietz-Verlag, 1968). カール・マルクス著、岩崎允胤訳「デモクリトスの自然哲学とエピクロスの自然哲学との差異」、大内兵衛・細川嘉六監訳『マルクス＝エンゲルス全集』第40巻「マルクス初期著作集1837年–1844年」(大月書店、一九七五年) 所収。

More, Henry

[1] "The immortality of Soul," in: *A Collection of several philosophical Writings of Henry More* (London: J. Flesher, 1662).

[2] *Enchiridion Metaphysicum sive de rebus incorporeis*, per H. More Cantabrigiensem, (London: E. Flesher, 1671).

Newton, Isaac

*Philosophical Writings* (Cambridge: Cambridge University Press, 2004)〔『光学』の邦訳には阿部良夫・堀伸夫訳『光学』(岩波文庫、一九四〇年)、堀伸夫・田中一郎訳『光学』(槇書店、一九八〇年)、渡辺正雄編、田中一郎訳『科学の名著6 ニュートン 光学』(朝日出版社、一九八一年)、島尾永康訳『光学』(岩波文庫、一九八三年) があるが、いずれも底本は英語版で (前三者は第4版、島尾訳は第3版)、ラテン語版からは訳出されていない〕。

Nicephoros

"Antirrheticus," in: *Patrologia Graeca*, accurante Jacques-Paul Migne, vol. 100.

Pasquali, Giorgio

*Le lettere di Platone* (Firenze: Le Monnier, 1938).

Pradeau, Jean-François

"Être quelque part, occuper une place. Topos et chora dans le Timée," *Les Études philosophiques*, 3 (1995), pp. 375–400.

Regazzoni, Simone

*Nel nome di Chora. Da Derrida a Platone e al di là* (Genova: il melangolo, 2008).

Rivaud, Albert

Introduction, in: Platon, *Œuvres complètes*, Tome X: *Timée, Critias*, (Paris: Les Belles Lettres, 1963).

Sallis, John

"Derniers mots. Générosité et réserve," *Revue de Métaphysique et de Morale*, vol. 53, no. 1 (2007), pp. 33–45.

Schürmann, Reiner

*Le principe d'anarchie. Heidegger et la question de l'agir* (Paris: Seuil, 1982); trad. it. di Gianni Carchia, *Dai principi all'anarchia. Essere e agire in Heidegger* (Vicenza: Neri Pozza, 2019).

Siger de Brabant

*Quaestiones in tertium de anima, de anima intellectiva, de aeternitate mundi*. Édition critique par Bernardo Bazán (Louvain: Publications Universitaires; Paris: Béatrice-Nauwelaerts, 1972).

Simplicios

*Simplicii in Aristotelis physicorum libros [...] commentaria*, edidit Hermann Diels, I (Berolini: Typis et impensis G. Reimeri, 1882).

Stocks, J. L.

"The divided Line," *Classical Quarterly*, V (1911), pp. 73–88.

Suarez, Francisco

*Disputationes Metaphysicae*, in: Id., *Opera omnia*, vol. XIV (Paris: Vivès, 1861).

Taglia, Angelica

*Il concetto di pistis in Platone* (Roma: Le Lettere, 1998).

Theophrastos

*Métaphysique*, éd. et tr. par André Laks et Glenn W. Most (Paris: Les Belles Lettres, 1993).

Valente, Luisa

"Ens, unum, bonum. Elementi per una storia dei trascendentali in Boezio e nella tradizione boeziana del sec. xii," in: *«Ad ingenii acuitionem». Studies in Honour of Alfonso Maierú* (Louvain-la-Neuve: Collège Cardinal Mercier, 2006).

Vasiliu, Anca

*Du diaphane. Image, Milieu, Lumière dans la Pensée Antique et Médiévale* (Paris: Vrin, 1997).

Victorinus, Gaius Marius

*Traités théologiques sur la Trinité*, texte établi par Paul Henry; introduction, traduction et notes par Pierre Hadot, vol. II (Paris: Cerf, 1980).

Waszink, Jan Hendrik

*Timaeus a Calcidio translatus commentarioque instructus*, in societatem operis coniuncto P.J. Jensen edidit J.H. Waszink (Corpus Platonicum Medii Aevi) (London-Leiden: Warburg Instutute, 1975).

Weil, Simone

*Sur la science* (Paris: Gallimard, 1966). シモーヌ・ヴェーユ著、福居純・中田光雄訳『科学について』(みすず書房、一九七六年)。

Wisnovsky, Robert

“Notes on Avicenna’s Concept of Thingness,” *Arabic Sciences and Philosophy*, vol. 10 (2000), pp. 181–221.

Wolff, Christian

*Philosophia prima sive ontologia* (Francofurti et Lipsiae: prostat in officina libraria Rengeriana, 1736).

Wolter, Allan B.

*The Transcendentals and their Function in the Metaphysics of Duns Scotus* (New York: St Bonaventure, 1946).

## 著者略歴

（Giorgio Agamben）

1942年ローマ生まれの哲学者．イタリアのマチェラータ大学，ヴェローナ大学，ヴェネツィア建築大学ほか，フランスのコレージュ・アンテルナシオナル・ド・フィロゾフィーやスイスのユーロピアン・グラデュエイト・スクールなどでも教えた．主要著書は『ホモ・サケル』（1995）を嚆矢に『身体の使用』（2014）をもって完結する《ホモ・サケル》シリーズ全9巻．ほかに『中味のない人間』（1970）『スタンツェ』（1977）『幼児期と歴史』（1980）『言葉と死』（1982）『到来する共同体』（1990）『目的のない手段』（1995）『残りの時』（2000），『思考の潜勢力』（2005）『事物のしるし』（2008）『哲学とはなにか』（2016）『カルマン』（2017）『書斎の自画像』（2017）など多数．

## 訳者略歴

上村忠男〈うえむら・ただお〉1941年兵庫県尼崎市生まれ．東京大学大学院社会学研究科（国際関係論）修士課程修了．東京外国語大学名誉教授．学問論・思想史専攻．著書に『ヴィーコの懐疑』（みすず書房，1988）『ヘテロトピア通信』（同，2012）『歴史家と母たち』（未來社，1994）『歴史的理性の批判のために』（岩波書店，2002）『グラムシ獄舎の思想』（青土社，2005）『アガンベン《ホモ・サケル》の思想』（講談社，2020）『歴史をどう書くか』（みすず書房，2023）など．訳書にギンズブルグ『糸と痕跡』（みすず書房，2008）『政治的イコノグラフィーについて』（同，2019）『それでも。マキァヴェッリ、パスカル』（同，2020）『恥のきずな』（編訳，同，2022）『どの島も孤島ではない』（同，2023）『自由は脆い』（編訳，同，2024）グラムシ『知識人と権力』（同，1999）アガンベン『残りの時』（岩波書店，2005）『いと高き貧しさ』（共訳，みすず書房，2014）『身体の使用』（同，2016）『哲学とはなにか』（同，2017）『カルマン』（同，2022）ヴィーコ『新しい学』上・下（中公文庫，2018）カッチャーリ『死後に生きる者たち』（みすず書房，2013）『ヨーロッパの地理哲学』（講談社，2025）ストーン『野蛮のハーモニー』（編訳，みすず書房，2019）プラーツ『生の館』（共訳，同，2020）ほか多数．

ジョルジョ・アガンベン
現実化しえないもの
存在論の政治に向けて
上村忠男訳

2025年 2月17日　第1刷発行

発行所 株式会社 みすず書房
〒113-0033 東京都文京区本郷2丁目20-7
電話 03-3814-0131(営業) 03-3815-9181(編集)
www.msz.co.jp

本文組版 キャップス
本文印刷・製本所 中央精版印刷
扉・表紙・カバー印刷所 リヒトプランニング


ISBN 978-4-622-09761-7
[げんじつかしえないもの]